讓你的話語
發揮最高戰力

作家柯立芝曾說：
言語是人類心智的軍火庫，藏著以往的戰利品，更藏著征服未來的武器。
要讓語言這項武器發揮最高戰力，就要懂得站在對方的角度，
說對方最聽得進去的話語，間接傳達自己想要傳達的意思。
每個人都喜歡聽好聽的話，說好話絕對比做好事更容易達成溝通的目的；
想成功，在溝通的過程中，如何把話說到別人的心坎裡，絕對是必修的一門學分。
如果你不知道如何把話說進對方的心坎裡，非但無法達成自己的目的，
而且還會使自己處處碰壁……

The Charm of
the Language

站在對方的角度說話全集

陶然 編著

出 版 序 ● 陶　然

把話說進別人的心坎裡

 期望無往而不利，少不了得培養自己的口才。不能僅僅是說話，而是要把話說到聆聽者的心坎裡去！

　　人際關係專家畢傑曾說：「如果你想把話說到別人的心坎裡，就必須知道如何利用別人最喜歡聽的話，間接傳達你想要傳達的意思。」

　　的確，同樣的一件事，用不同的兩種話來表達，最後的結果往往大相逕庭。如果你可以在事前就知道你想要傳達的人喜歡聽什麼話，然後再用他喜歡聽的話間接傳達你的意見，那麼，對方欣然接受的程度肯定會高出許多。

　　繁忙的人際交往中，人與人之間的溝通對話不可避免。

　　一個會說話的人，每一句話都能打動人們的心弦，好像具有一種不可知的魔力，操縱著人們的情緒。他的一舉手一投足，嘴裡發出來的一言一語，彷彿都能影響到周圍空氣的鬆弛與緊張。

　　這種感染的力量是什麼？就是口才。

　　和別人接觸的時候，有四件事情容易被人用來當作標準，評定我們的價值，那就是我們做的、我們的面貌、我們說的話，以及我們如何說話。

可惜，許多人爲了種種瑣事的繁忙，忘記最重大的事，缺少時間研究他們的「辭藻」，甚至不肯花一分鐘的時間思考如何充實自己的辭句、如何增加辭句的意義，如何使講話準確清晰。

有些人以爲，只要有才幹，即使沒有口才，也可以達到成功的目的。

這種觀念並不完全正確，有才幹並且有口才的人，成功希望才更大。因爲一個人的才幹，完全可以從言語談吐之間充分地表露出來，使對方更進一步地瞭解，並且信任。

美國費城的大街上，曾躑躅著一個無業的英國青年，不論是清晨或夜晚，總是引人注目地經過那裡。據他自己說，他想尋找一份工作。

有一天，他突然闖進了該城著名的巨賈鮑爾·吉勃斯的辦公室，請求主人犧牲一分鐘時間接見他，容許他講一兩句話。

這位陌生怪客使吉勃斯感到驚奇，因爲他的外表太引人注目了，衣服已很破舊，全身流露出極度窮困的窘態，可精神倒是非常飽滿。也許是出於好奇，或者是憐憫，吉勃斯同意與這人一談。

想不到的是，他起初原想談一兩句話就好，然而一談起來，不是一兩句，也不是一二十分鐘，直到一個小時以後，談話仍沒有結束。

接下來，吉勃斯立即打電話給狄諾公司的費城經理泰勒先生，再由這位著名的金融家邀請這位陌生怪客共進午餐，並給了他一個極優越的職務。

一個窮困落魄的青年，何以能在半天之內，獲得如此美滿的結果？

他的成功秘訣，就在於極吸引人的口才。

口才，是生活中應用最普遍也最難能可貴的說話技術。然而，與你交談的對象當中，有幾個長於口才？在日常的談話中，在大庭廣眾的集會中，你遇到過多少使你滿意的談話對象？曾有多少人，能夠把話說到你的心裡去？恐怕都是屈指可數吧！

不論是面對家庭，還是職場，甚至是整個社會，期望無往而不利，少不了得培養自己的口才，強化自身的說話能力。

不能僅僅是說話，而是要把話說到聆聽者的心坎裡去！

口才是現代社會必備的競爭資本，也是增強人際關係的要素，懂得把話說得更巧妙，懂得把意見滲透到別人心裡，更是商業社會的成功之道。

很多人失敗，並不是敗於實力不濟，而是不知道運用「語言」這項利器。唯有細心研讀並靈活應用語言的魅力，具備良好的說話能力，才能增進自己的各項能力，在商業社會遊刃有餘。

本書《站在對方的角度說話全集》是作者舊作《站在對方的角度說話》與《口氣決定你的運氣》的全新增修合集，謹此向讀者說明。

出·版·序　把話說進別人的心坎裡　　　　　　　　　　·陶　然

Part 1

投其所好，談話最有功效

不妨這麼告訴自己：為了成為一個會說話的人，
為了達成合乎情理的目的，「投其所好」沒有什麼不可以。

Part 2

尊重，讓彼此更容易溝通

凡是善於談話的人，必定會小心翼翼斟酌說話方法，
不使溝通陷入僵局。只要談話之門沒有關上，
就永遠不愁無話可說。

Part 3

會說話，更要會聽話

有良好口才的人，必須同時擁有良好的「耳才」，
很會說話的人，同時必須是很會聽話的人。

Part 4

合宜的措詞可以助你佔盡優勢

措詞反映了一個人的素質和能力，是給人的第一印象，
應當努力提升，才能在與人溝通、交往的過程中佔得優勢。

Part 5

摸透人心再開口

說服之前，必須了解對方。付出的心力越大，設想越周密，
話就能說得越好，成功的機率自然更高。

Part 6

期望會說話，先學著少說廢話

諺語是詼諧而有說服力的短句，談話時套用個幾句，
有畫龍點睛的效果，但用太多也不好。

Part 7

示弱，助你避開可能的災禍

所謂示弱，說穿了，就是強者在感情上體貼
暫時在某些方面處於劣勢弱者的一種有效手段。

Part 8

說話能力決定你的競爭力

與其說推銷語言是一門技術，倒不如說是一種藝術，
因為一句話可以讓人跳，也可讓人笑。

Part 9

只要方法正確，就能有效取悅

只要方法正確，大部分的顧客很容易感到愉悅。
請先讓禮貌成為你的外貌，再使用適當的說話方式，
面對每個不一樣的人。

Part 10

站在對方的角度，活用說話藝術

有些顧客確實無購買能力，有些卻是想進行討價還價，
推銷員一定要仔細分析其真正原因，加以擊破！

Part 11
說服的關鍵，在於口才表現

適度的自我宣傳與推銷，輔以具緩和作用的幽默感，
使一切在親切融洽氣氛中進行，是達成交易的最理想情境。

PART 1

投其所好，
談話最有功效

不妨這麼告訴自己：

為了成為一個會說話的人，

為了達成合乎情理的目的，

「投其所好」沒有什麼不可以。

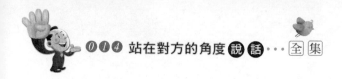

懂得溝通，比較容易成功

 言語是人類互相交際、了解、傳達感情、溝通思想的最好工具，不擅於應用者，必定要在交流中吃大虧。

　　人際溝通作家葛瑞斯曾說：「有時候，會說話的人，不見得比不善於表達的人有能力，但是卻比不善於表達的人，更受到別人的青睞。」

　　其實，在這個有能力不一定就能成功的時代，如何與人進行有效的溝通、如何用最精確的話語，將自己的意思表達出來，往往就是一個人是否能夠成功的最重要關鍵。

　　日常生活中，會說話的人，總可以流利地表達出自己的意圖，也能夠把道理說得很清楚、動聽，使聆聽者樂意接受。

　　有時候，還能立刻從問答中測定對方言語的意圖，由談話中得到啟示，增加對現況的了解，從而促進雙方關係的穩固。相比之下，不那麼會說話的人，明顯不能完全地表達出自己的意圖，談話過程中，經常陷入使對方費神又不能表達自我的窘境。簡單來講，就是詞不達意。

　　說話是為了把自己的意思告訴別人，讓別人明白，從而互相了解。如果說出的話不使人信服，沒辦法激起半點反應，就毫無作用，等於沒說。

　　你必定會問，如何才能「把話說進別人的心坎裡」呢？

　　說穿了,秘訣只在一點:知道自己的優劣,也清楚對方的優劣,然後試著站在對方的角度說話,便能應付自如。

　　說話是要針對人的,見什麼人,說什麼話,斟酌每個人或每件事的情況與需求做調整,不可妄想「一招半式闖江湖」。

　　是否有過類似的經驗?同樣的要求,對某個人提出,他欣然地接受,但對另一個人說,對方不但不能理解,而且還大表反感。這就是無法做到「知己知彼」者最容易犯下的錯誤。

　　有些時候,我們明明很在意某個人,可是他一點也不知道;我們明明非常關心某個人,卻還經常被對方嫌太過冷淡。

　　試想,這是多麼使人痛心的事!所以,在成爲高明的說話者之前,我們要先注意別人眼中看見的,了解別人心裡究竟在想些什麼。

　　當面對著一群人說話的時候,不但要顧到全體,還要特別照顧那些不被注意的聽眾,這樣做,不但可以解除眾人不安或不起勁的負面情緒,更可以讓我們說出的話得到熱烈的支持。

　　不要忘記對別人善意的言語表示感激,讓你的朋友具體地知道你的想法,知道他對你有很大的影響。只要真心誠意,必能把心中真實的感情傳遞出去。

　　若你本身就是富有同情心的人,一定能警覺地注意自己的言語,不至於在無意中傷害別人,就算不小心失言,也能夠在覺察之後,立刻向對方表示歉意。並且,在遭受他人無心的言語傷害時,以寬容態度應對。

　　人都希望自己是快樂的、幽默的,也比較喜歡與這類人相處。快樂是一件極寶貴的東西,無人不需要。由此延伸,我們可以知道,用快樂積極的態度說話,更容易受歡迎,達到目的。

　　作家惠特尼曾經如此寫道:「說好一句話,有時候比做好一

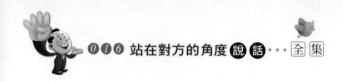

件事更容易獲得別人的重視。」

　　確實，在這個每個人都喜歡聽好話的時代，說好「話」的確比做好「事」更容易讓你引起別人的注意。因此，如果你想獲得成功，那麼在溝通的過程中，如何把話說到別人的心坎裡，絕對是必修的一門學分。

　　言語是人類互相交際、了解、傳達感情、溝通思想的最好工具，不擅於應用者，必定要在交流中吃大虧。

語言質樸，較能令人信服

因為值得信賴，將質樸的言語運用在商場上，往往可以從花言巧語包圍中掙得一片天，收到比預想更出色的效果。

能夠打動人心的，不見得都是經過設計的言語。有時候，只是簡單的一句話、一個小動作，便可以帶給別人深刻印象與感受。

不妨看看日本名作家相川浩曾經講過的一則故事：

有一位收款員，是一個倔老頭，挨家挨戶向客戶收款時總面無表情，只生硬地說出錢數：「您好，上個月的款項是兩千三百元。」

一次，他到某戶人家按門鈴，女主人出來應門，家裡的孩子也跟了出來，抱著媽媽的大腿，直勾勾地望著他。收款員依然沒有任何表示，接錢、遞收據、離開，一副公事公辦的模樣，讓這家的女主人相當不高興。

一個秋天的晚上，門鈴響了，女主人猜到一定又是那名陰沉的收款員，老大不高興地打開了門。來者果然一如預料，但想不到的是他竟主動向門裡瞄了一眼，接著問：「怎麼了？」

女主人愣在當場，不明白對方指的是什麼，收款員見狀又接著問道：「今天怎麼沒看見孩子跟出來呢？」

「啊！他有點發燒，已經睡了。」

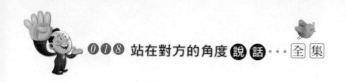

「原來是這樣，希望他早日康復。啊！本月款項是兩千八百六十元。」

說完，一手遞出收據，一手接過錢，便轉身離開了。

收款員的聲音仍和平時一樣平板無起伏，說出來的話也同樣簡短且「經濟」，但那句在口裡無心嘟嘍的祝福卻讓女主人深受感動，當下認定他必定是一位大好人，只是不善於表達自己。

現今社會，提供上門服務的商店或企業很多，派出的業務員幾乎個個能言善道、伶牙俐齒。不過，在這位女主人心中，倔老頭收款員平實質樸的話語反倒更令人感動。

這個故事所展現，就是質樸語言的典型特點。

一般來說，語言趨向平實質樸，特點是內容樸素實在、不事雕琢，看不出刻意設計的痕跡，句式結構簡單，也很少使用比喻、暗示、誇張等修辭方式。由於表達上語氣和緩，聲調變化較少，但內蘊精深，自有魅力，因此也有人稱「零度風格」。

談話若平實質樸，便能在人心中留下坦誠率直、忠厚老成的良好印象。不拐彎抹角，不油腔滑調，老老實實地談出自己的要求和想法，對方會認定你心口如一，值得信賴，自然比較容易接受你的意見或建議。越是平實質樸，越能夠幫助你準確地表達出真心話。

切記，真理是樸素的，任何雕飾都會使事物失真，只有平實地把話說出來，才能保持思想的「原汁原味」。

推銷員介紹商品時，特別需要講求語言準確。顧客需要了解商品的真實情況，否則無法做出決定，誇大的言談只會引起反感，「最佳」、「一流」、「超級」、「獨一無二」之類的形容詞無疑降低了談話的可信度。

用平實、質樸的語言風格陳述事實、講清道理，較能令顧客或對手信服。

平實質樸不等於單調乏味，淺薄粗俗。作為一種語言風格，平實質樸並不意味著有什麼說什麼，想到哪裡說到哪裡，因為那樣講出來的話必定毫無魅力，不僅使人感到味同嚼蠟，甚至還可能粗俗且不堪入耳。

真正的平實質樸，應該是平中見巧、淡中有味，「看似尋常最奇崛」，蘊含著深刻的意味，說出每一句話都經過反覆推敲，字斟句酌，看似平淡，實則並不簡單。因為值得信賴，所以將這樣的言語運用在商場上，往往可以從花言巧語包圍中掙得一片天，收到比預期更出色的效果。

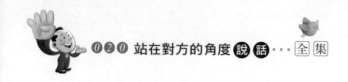

培養受人歡迎的說話態度

 如果你對別人表現出刻薄的神情，或者對別人說的話表示冷淡或輕視，對方的談興必定會消失。

與人談話時的態度如何，在一定程度上決定了你是否受人歡迎。能與人和顏悅色交談的人，必定能打動對方的心。

懂得站在對方的角度說話的人比較吃香，這一點無庸置疑，但如何表現才算是良好的談話態度呢？歸納起來有以下五點：

• 表現出興趣

當別人講話時，要注意傾聽。如果你的眼睛四處張望，或是玩弄著小物件、翻弄報紙書籍，對方就會以為你對他的話沒有興趣，感到掃興。

此外，在人多的時候，你還不能只對其中一兩個熟悉的人表示興趣，而要把注意力分配到所有人身上，對於那些話說得少，或是表情不太自在的人，更要特別留神，找機會關照。

你的注意、你的關心，形同於一種尊重和安慰，正好可以幫助他們從被冷落的窘境中解脫。

• 表示友善

如果你對別人表現出刻薄的神情，或者對別人說的話表示冷淡或輕視，對方的談興必定會消失。

哪怕你不喜歡聽對方的話，或者不同意他的意見，還是應該

表示出基本的尊重與友善，不要只因為一句不得體、不適當的話，就全盤加以否定。

尊重，正是人際關係要獲得良好發展的基礎。一聽到不喜歡的話，立刻表現出自身的不快和不滿，把彼此的關係弄壞、搞僵，導致失去繼續交談、深入了解的機會，不是很可惜嗎？

● 輕鬆、快樂、幽默

真誠、溫暖的微笑，是打開他人心靈的鑰匙。

人的心靈天生對溫度有強烈的感應，遇見抑鬱、冰冷的表情，就會自然地凝結僵硬；遇見歡樂、溫暖的笑容，則相應地柔軟、活潑起來。

真誠、溫暖的微笑，快樂、生動的目光，舒暢、悅耳的聲音，就像明媚的陽光，使一切欣欣向榮，使談話能藉更生動活潑的方式進行下去，讓所有人談笑風生，備感心曠神怡。

至於幽默感，需要慢慢地培養，它是一種興致的混合物。富於幽默的人，常常能使身處的空間充滿歡聲笑語，憑幾句妙語驅散愁雲、消弭敵意，化干戈為玉帛、化凶戾為吉祥。

● 適應別人

跟趣味相投的人在一起就舒服、話多得很，一遇見志趣不投的人就感到彆扭、不想開口。像這樣任著自己的脾氣去接近別人，真正投機的人就少了。

想要讓自己更吃得開，就該藉談話多關心別人，重視他們的想法與喜好。有些人喜歡講大道理、有些人思路較天馬行空、有些人一開口就滔滔不絕、有的人則長於深思、拙於應對，凡此種種，你都該學著自我調節，適度遷就。

碰上滿腹經綸的，讓他盡情地宣洩；守口如瓶的，由他吞吞吐吐；失意的，多給予一些安慰同情；軟弱的，多表達鼓舞和激

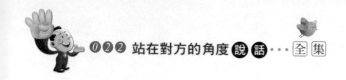

勵。

凡是會說話的人，一旦發現對方對某一問題表現出特別強烈的興趣，便會讓他在這方面繼續發展，暢所欲言；假如看出對方對某一個問題不想多談，則會及時轉換話題，把談話引到另一個方向，免得引起不快。

● 謙虛有禮

所謂謙虛有禮，絕不是說一些不著邊際的客氣話，而是一方面真誠地尊重對方、關心對方的需要，盡力避免傷害，另一方面嚴格地要求自己，對自身意見與看法抱持「可能有錯」的保留態度，虛心地聽取外界意見，做出適度調整。

和別人談話之時態度的好壞，正是能否成功達到交談目的的重大關鍵，千萬不可不謹慎。

投其所好，談話最有功效

 不妨這麼告訴自己：為了成為一個會說話的人，為了達成合乎情理的目的，「投其所好」沒有什麼不可以。

一個會說話的人，必定懂得站在對方的角度，「投」聆聽者「所好」。

「投其所好」常常被看作貶義詞，為人鄙夷，這主要是因為「投其所好」者的目的往往是自私、不可告人的。但是，假如目的光明磊落、合乎情理，「投其所好」又有什麼不可以？

心理學研究證明，情感引導行動。積極的情感，例如喜歡、愉悅、興奮，往往能產生理解、接納、合作的行為效果；而消極的情感，如討厭、憎惡、氣憤等，則會帶來排斥和拒絕。

所以，若想要人們相信你是，並按照你的意見行事，首先要得到人們的喜歡，否則必定失敗。要使別人對你的態度從排斥、拒絕、漠然處之到產生興趣，並更進一步予以關注，需要最大限度地引導、激發對方的積極情感。

「投其所好」，實際上就是引導激發的過程。這種過程的表達方式多種多樣，經常運用的主要有以下兩點：

• 發現對方的「長處」

要善於讚揚別人，善於從理解的角度真誠地讚美別人，更要培養並展現出洞察力，發現對方美好的一面。

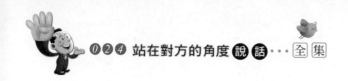

● 尋找對方的「興趣點」

與別人交談時，往往會遇到一種情況：對方並未專心聽你說，而是在做或在想別的事情；或是嘴裡應付著，眼睛卻看向別處；或者是轉移話題，跟你瞎扯……，遇到這種情況，你應該儘快放棄目前的話題，尋找他的「興趣點」。

唐代大詩人白居易說過：「動人心者莫先乎情。」

情動之後心動，心動之後理順，而理順之後，事情自然會朝著有利於你的方向發展。以下的故事，相信能給你一些啟示：

柯達公司總經理伊斯特曼發明了底片，為自己贏得巨額財富，成為當時世界上最著名的商人之一。

儘管如此，他仍然像平常人一樣，渴望得到別人的稱讚。

伊斯特曼曾捐造「伊斯特曼音樂學校」和「凱伯恩劇院」，用來紀念他的母親。紐約某座椅製造公司經理艾特森，想得到承包劇院座椅的訂單，於是鼓起勇氣和伊斯特曼相約見面。

但由於伊斯特曼的工作極忙，每次訪問佔用的時間不能超過五分鐘，艾特森能利用的時間相當有限。

他被引進總裁辦公室時，伊斯特曼正埋首於桌上堆積如山的文件中，聽見有人進來，他抬起頭打招呼：「早安！先生，有什麼事情嗎？」

自我介紹後，艾特森說：「伊斯特曼先生，在外面等著見你的時候，我瀏覽了這裡的環境，感到非常羨慕。假如我有這樣的辦公室，工作情緒一定非常高昂。你知道，我是個平凡的商人，從來不曾見過如此漂亮的辦公室。」

伊斯特曼回答：「你使我想起一件幾乎忘記的事，這房子確實很漂亮，不是嗎？當初剛蓋好的時候我極喜歡它，但是現在，

為太多事情心煩忙碌，我甚至連續坐在這裡幾個星期都無暇看它一眼。」

艾特森用手摸了摸壁板，問：「這是英國橡木做的，是吧？質感和義大利橡木稍有不同。」

伊斯特曼點了點頭，明顯已被挑起興趣，說道：「一點也沒錯，那正是從英國運來的橡木。我的一個朋友懂得木料的好壞，親自為我挑選的。」

隨後，伊斯特曼領著艾特森參觀了自己的辦公室，詳細講解曾參與設計的房間配置、油漆顏色、雕刻工藝等等。

當他們在室內誇獎木工時，伊斯特曼走到窗前，非常得意地表明要捐助洛加斯達大學及市立醫院等機關，以盡心意，艾特森立刻熱誠地稱許，直說他是個古道熱腸的善心人。

兩人接著又談了許多生活上、工作上、生意上的事，艾特森總是適時地表達出自己的讚歎。這場談話一直進行到中午，之後，艾特森不僅順利得到了那筆劇院座椅訂單，還與伊斯特曼成了好朋友。

人際交往中，「投其所好」的重要性，由此可以證明。

因此，不妨這麼告訴自己：為了成為一個會說話的人，為了達成合乎情理的目的，「投其所好」沒有什麼不可以。

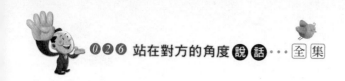

適度讚美，讓說出的言語更美

若在讚美別人時，不審時度勢，不能掌握一定的技巧，即便是真誠的讚美，也可能產生負面效果。

生活中，我們經常需要稱讚別人。

真誠的讚美，於人於己都有重要意義。對別人來說，他的優點和長處，因你的讚美顯得更有光彩；對自己來說，表明你有開朗的胸懷，並已被他人的優點和長處所吸引。

美國心理學家威廉·詹姆斯說：「人類本性上最深的企圖之一，是期望被讚美、欽佩、尊重。」

確實如此，渴望受讚揚是每一個人內心的基本願望。

在現代人際交往中，讚揚他人已成為一門獨立的學問，能否掌握並妥善運用，使符合時代的要求，是衡量現代人的素質的一項標準，也是衡量個人交際能力高低的重要標誌。

當教師的人都明白：對落後的學生，過多的處罰和批評往往無濟於事。這些學生乍看簡直一無是處，但只要你能找到一個優點，予以大力讚揚，他就會產生上進心，逐漸往好的方向發展。

由於小小的誤會或久未接觸，人與人之間難免產生隔閡。消除隔閡的最有效方法，就是恰到好處地讚揚對方，融洽彼此瀕臨破裂危機的關係和感情。

讚美是件好事情，但並不是一件簡單的事。若在讚美別人時，

不審時度勢，不能掌握一定的技巧，即便是真誠的讚美，也可能產生負面效果。

讚美時，應遵守以下準則：

● 實事求是，措詞適當

讚語出口前，先要考量一下，這個讚美有沒有事實根據？對方聽了是否會相信？第三者聽了是否不以為然？

一旦出現異議，你又沒有足夠的證據來證明自己的讚美站得住腳，就會弄巧成拙。所以，讚美必須在事實基礎上進行。

不僅如此，措詞也要講究適當。

例如，一位母親讚美孩子：「你是一個好孩子，有了你，我感到很欣慰。」這種話就很有分寸，不會使孩子驕傲。

但如這位母親說：「你真是一個天才，我所看過的小孩中，沒有一個趕得上你的。」那便會因為過度誇大，養成孩子驕傲的性格。

● 借用第三者的口吻讚美他人

有時，我們為了博得他人好感，會讚美對方一番。但若由自己說出「您看來真是年輕」這類的話，不免有恭維、奉承之嫌。與其如此，不如換個方式，向對方說：「怪不得大家都這麼稱讚，您看來真是年輕又漂亮。」

借用他人的口來讚美，更能得到對方的好感與信任。

● 間接地讚美他人

有時，當面讚揚一個人，反而會使他感到虛假，或者會疑心你不是誠心的。這種時候，間接讚美的效果更好。

無論將間接讚美用在大眾場合，或個別場合，只要能傳達到本人耳裡，都是有效的。除了能達到讚揚鼓舞作用，還能使對方感到你的真誠。

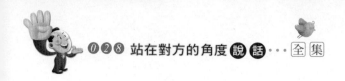

● 讚揚須熱情具體

經常可以看到，有人在稱讚別人時，表現出來的態度卻漫不經心。

「你這篇文章寫得蠻好的」、「這件衣服很好看」、「你的歌唱得不錯」，這種缺乏熱情的空洞稱讚並不能使對方感到高興，甚至會由於過度明顯的敷衍而引起反感不滿。

稱讚別人，要盡可能熱情些、具體些。

比如，上述三句稱讚的話，可以分別改成：「這篇文章寫得好，特別是後面一個論點極有新意。」「你這件衣服很好看，剪裁很能襯托你的身材。」「你的歌唱得不錯，高音非常動聽哪！」

● 比較性的讚美

兩個學生各拿著自己畫的一幅畫，請老師評價。老師如果直接對甲說：「你畫得不如他。」乙也許感到得意，但甲心中一定不悅。

當碰上這種狀況，不如運用比較性讚美，對兩人說：「甲的構圖已經相當成熟了，但乙的用色明顯更出色搶眼些。」

這樣一來，乙仍舊很高興，甲也不至於太掃興。

● 把讚美用於鼓勵

用讚美來鼓勵，能激起人的自尊心。而要一個人努力把事情做好，首要條件，正在於激起自尊心。

有些人第一次做某件事情，結果不理想，你應當怎樣說他呢？

千萬要告訴自己，不管對方有多大的毛病，還是該給予肯定，說：「第一次有這樣的成績，已經不錯了。」

對那些第一次登台、第一次參加比賽、第一次寫文章投稿、第一次做某件事情的人，這種讚揚，會讓他深刻地記一輩子。

● 讚揚要適度

適度的讚揚，會使人心情舒暢，否則使人難堪、反感，或覺得你在拍馬屁。因此，合理地把握讚揚的「度」，是一個必須重視的問題。

　　一般說來，必須做到以下三點：

1. 實事求是，恰如其分。

2. 方式適宜，即針對不同的對象，採取不同的讚揚方式和口吻，以求適應對方。如對年輕人，語氣上可稍誇張些；對德高望重的長者，語氣上應帶有尊重的意味。對思維機敏的人要直接了當，對有疑慮心理的人，要儘量明顯，把話說透。

3. 讚揚的頻率要適當。在一定時間內讚揚他人的次數越多，作用就越小，對同一個人尤其如此。

　　巧用讚美，讓你的言語更美，也連帶著使形象提高，因此，想要在人際交往中吃香，千萬別吝惜讚美他人。

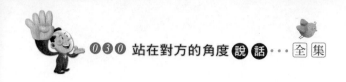

改變觀念，誠心表達讚美

 在稱讚別人同時，也會為自己帶來愉快，就像是一名藝術家，透過語言讚美讓彼此身心愉悦，讓週遭氣氛更美好。

想想，你上一次讚美他人，是在多久之前？

仔細留意便會發現，日常生活中，在我們身邊，必定有許多人不願輕易開口說出對別人的讚美。

為什麼會這樣呢？探究理由，多不出以下幾種：

1. 剛剛認識某個人，仍感到生疏，對情況還不大了解，怎麼好意思主動對人家表示讚美呢？

2. 與異性交往，更加不好意思讚美，尤其是當男人面對一位年輕漂亮的女郎，儘管覺得對方是個美人，卻擔心從嘴裡吐出的讚美遭到誤解，被認為居心不良，因此還是不說為妙。

3. 關係親近、朝夕相處的人，彼此早已相知，何必還要表示讚揚？既然不懷疑相互的感情和信任，還有必要表示自己的喜愛和讚賞嗎？弄得不好，反倒顯得不自然、尷尬吧！

4. 有的人已經獲得很高的成就，夠幸運、夠得意了，沒必要當面再去稱讚，否則對方豈不是更得意，且更顯得自己更不如他？

5. 對於售貨員、服務員或某位商人，沒有必要表示我們對商品或服務的滿意，因為他們做得再好，也是為了賺我們的

錢。做好本分內工作是理所當然的事情，既然自己付了錢，有什麼必要再表示滿意和感謝呢？

6. 對於領導者，更不可隨便表示讚揚。也許上司確實有值得稱讚的地方，可對這種人盡說好話，別人發現了，豈不被當成拍馬屁？

7. 有些人實在太平凡了，甚至還有不少毛病，根本不怎麼樣，就算有可取之處，也不過是些瑣碎、細小的事情，沒有讚揚的價值。

以上這些想法，在邏輯上或許有一定的道理，不是全然不通，但卻足以造成超乎想像的嚴重阻礙，讓我們無法把話說得更好，自然也不可能在人際交往中走向最佳狀態。

為什麼許多人會有類似想法？

往更深一層看，我們還可以探究出以下這幾個原因：

1. 對讚揚的意義理解不深，或僅透過庸俗的角度來理解，認為只在有求於人或巴結討好人時才有必要給對方戴高帽子，而自己一向心地坦誠、作風正派，何必要來這一套？

2. 為人拘謹，老實木訥，不僅不好意思對他人表示讚賞，同時也擔心別人會對自己有任何懷疑或不好的看法。特別是在陌生人、異性和領導者面前，更感到憂心、拘謹，更無法將讚美說出口。

3. 由於心態不良、心理不平衡，懷著嫉妒心或虛榮心，不肯讚揚職務和成就高過自己的人，而對不如自己的人又不屑一顧。

4. 只想到自己需要別人的讚揚，而不考慮別人也同樣需要得到自己的讚揚。尤其是抱持自卑心理的人，總會覺得自身人微言輕，即便提出讚揚也無足輕重，不具太大意義。

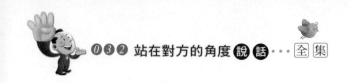

5. 無法恰當掌握讚揚的語言藝術，或曾經讚揚過別人但收效不佳，因而誤以為讚揚沒什麼價值，甚至還可能適得其反。

　　總的來說，吝於讚美不出兩方面原因：一是心態不夠積極，一是不懂得交際的奧秘，不會說話。

　　正如任何一個人都不可能沒有缺點和過錯一樣，人也不可能沒有值得讚賞的優點和長處。心中抱持偏見者，對某人某事常常固執地囿於自己的看法，即使事實證明犯了錯，也不肯輕易改變。

　　試想，如果你對某個人說：「我一看見你就覺得討厭！滾開！不要讓我見到你！」這不僅不尊重別人，也等同於一種自我封閉和扼殺，使自己變得令人厭煩，沒有任何好處。

　　想要讓別人喜歡自己，就該主動釋出善意，去喜歡、關心、了解他人，且做到全面地、實事求是地關心和了解，而不是只將眼光放在對方的缺陷上。

　　看到蘊含的潛力，而不是只看已經體現出來的價值。能夠抱持這種想法，你就不會認為他人「實在不怎麼樣」，半點值得讚賞之處也沒有。

　　最重要的一點，是你能否看出對方的優點，即使相當渺小，也應當拿出「伯樂」的眼光，致力於發現並讚賞。學會讚揚別人，對於提升說話能力與發展人際關係有很大的幫助，極有可能會成為你的極大優勢。

　　此外，要建立一個正確觀念：發現別人有什麼優點，就要及時且直接地表示讚揚，不要等事過境遷後才感到遺憾，不要等到對人有所求時才出口，誠心的讚美絕不等同於膚淺的客套恭維。

　　想提升自己的說話能力，絕不能吝惜讚美。

　　要知道，在稱讚別人同時，也會為自己帶來愉快，就像是一名藝術家，透過語言讚美讓彼此身心愉悅，讓週遭氣氛更美好。

抓住讚美技巧，收效更好

 背後讚揚是一種至高的說話技巧，因為人與人相交，最難得的就是在背後說好話，而非閒言閒語。

　　毫無疑問，會站在對方角度說話的人比較吃香，但是，無論做任何事情、說任何話，都不可以盲目或者過度，必須控制在適當的範圍內，否則，即便是好事、好話，也會產生負面效果。

　　讚美正是一把雙面刃，能增進人際關係，也能破壞人際關係。期望開口說出的是恰如其分的讚美，可從以下方面要求自己：

● 出於真誠

　　不真誠的讚揚，必定會給人虛情假意的負面印象，或者被認為懷有某種不良目的，如此一來，受讚揚者非但不會感謝，反而感到討厭。言過其實的讚揚，不能實事求是，會使接受者感到窘迫，也會降低讚揚者自身的威信。虛情假意的奉承，對人對己都有害無利。

● 不失時機

　　對朋友、同事身上的特點，要盡可能隨時隨地去發現，抓住時機，積極回饋，即便是一個表情、一個動作、所說的一句話、所做的一件事，都應把它們看在眼裡、記在心裡。

　　讚美的時機多種多樣，當時、事後、大庭廣眾之下，兩人獨處時都可進行，但一般以當時、當眾讚美的效果最佳。

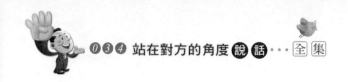

- 培養「慧眼」

你從對方身上發現的特色、潛能、優勢，最好是其他人都沒有發現，甚至連當事人自己都不清楚的。這種讚揚能讓接受者驚喜，瞬間增強自信，更對讚美者產生好感。

- 與對方的好惡相吻合

若某樣特質一向被對方認為是缺點，內心極為厭惡，但卻被你誇獎，必定無法令他接受。

試想，如果你讚美朋友像某位電影明星，可他恰好極討厭這位明星的相貌或性格，這樣的讚美會有效果嗎？以這種方式說話會吃香嗎？

答案當然是否定的。

- 找出對方最渴求讚美的特質

各人必定都有各自優越的地方，更有自知優越的地方，固然盼望得到別人公正的評價，但更希望某些特質能得到恭維。

例如女孩子，都喜歡聽到別人誇讚她們外表的美麗，但對於具有傾國傾城姿色的女孩，不妨改稱讚她的內涵、智慧吧！相信這會比其他千篇一律的恭維更令她印象深刻。

- 善用間接恭維

引用他人的評價，對某位朋友、同事過去的事蹟，也就是既成的事實，加以讚美，就達到了「間接恭維」的目的。這證明了你對他的成就、聲譽有所了解，對方不僅會欣然接受你的好意，且將以親切、熱情的態度回應。

- 在背後讚揚

背後讚揚人是一種至高的說話技巧，因為人與人相交，最難得的就是在背後說好話，而非閒言閒語。如果朋友知道你在別人非議他時挺身而出、主持公道，怎麼可能不感激？

- **引其向善**

讚美與諂媚、奉承、拍馬屁的一個極大區別，在於當中含有「引其向善」的積極性意義。你若希望對方擁有哪些優點、鞏固哪些優點，就該敏銳地發掘，並及時予以鼓勵。對方的自尊心得到滿足、感受到激勵後，自然會朝你所期望的方向努力。

- **言語含蓄**

過直、過露的讚美，很有可能讓聆聽者感到過分肉麻，反而留下不好的印象，而巧用抽象含蓄的言辭，更有辦法達到使人迷醉的效果，因為語辭本身含有多方面涵義，可做多種解釋，對方會不自覺地往好的方面去想。

- **採用直觀性讚美**

面對初相識者，可多使用這種說話方法。

無論是從對方身上的飾物、衣著、裝扮或者其他具體事物切入，具「發現性」的直觀讚美都能讓對方感到輕鬆、自在，從而使交談氣氛活潑起來。

懂得站在對方的角度說話，懂得讚美的人必定受人喜歡。想暢通自己的人際交流管道，千萬別疏忽了讚美的技巧。

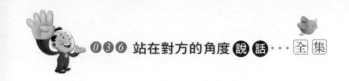

看出對方的興趣在哪裡

在與人建立良好關係的過程中，達到興趣上的一致是很重要的。當雙方都喜歡同樣的事情，彼此的感情自然更融洽。

這是不爭的事實：人人都有一個共通點，那就是必定會對某個領域、某樣事物抱持特別濃厚的興趣。

而興趣還可再分為兩種，一是對有連帶關係事物的興趣，一種是對無連帶關係事物的興趣。

所謂「有連帶關係」的事物，是指與你和別人共同發生興趣的事物。利用這類興趣作引子，通常可以順利地在彼此之間建立良好互動關係。

那麼，再換個角度看，你必定會同意，絕大多數人對自身本職工作以外的事物更具興趣。

通常，一個人之所以從事某樣工作，不是出於自願，而是為了謀生。但在業餘時間他所關心的事情，則完全是自己所選擇。換句話說，他最感興趣的事情是辦公室之外的，因此，透過從業務以外的事物製造機會與某人接近，可望建立起更融洽、穩固的聯繫。

一般人都希望與自己相處的人是有趣的，具有許多不同的興趣，有些自己會同樣感到特別喜歡，有些則比較淡泊。因此，你應儘量找出他們最感興趣的事，然後再從這方面去接近。

但在與別人的特殊興趣建立連帶關係的過程中，自己的真實興趣也免不了會表現出來。畢竟，想要把話說好，進而再將人際關係經營好，單單憑一句「我也很感興趣」是絕對不夠的。

在對方的詢問下，與其表現得吞吞吐吐、躲躲閃閃，倒不如想辦法用自己的興趣去引起別人的興趣。

在與人交談、交往的過程中，該如何使他人了解自己對某件事情同樣具有濃厚興趣呢？

無庸置疑，對於題目本身，你必須具備相當的知識，以證明自己的確下過一番功夫、做過相當研究，絕非信口胡謅。越是面對值得接近的人，越應該努力對他所感興趣的事情做進一步了解。切記，除非你能夠好好地應付，得到信賴，否則對方不可能提供你想知道的任何事情。

為什麼幼稚園老師有辦法去哄那些哭鬧的小朋友，讓他們破涕為笑呢？受過專業教育訓練的她們當然有訣竅，其中一項，在於能站在孩童的立場，設身處地、將心比心地迎合孩子們的興趣和思想。

這種做法純粹出於熱忱，而熱忱絕對是使應酬成功、讓話說得更好的因素。

當你的內心充滿熱忱，提出的將不是令人難堪的問題，而是別人樂於回答，或者是他所熟悉的問題。

例如，你知道某人去過美國，因此向他問及美國的事情，他一定會非常高興、滔滔不絕地講述起相關的訊息，即使你最開始的目的不過想問問入境手續，他也可能一股腦地連紐約帝國大廈的電梯快到什麼程度都告訴你。

如何實現與他人興趣一致的目的呢？專家提出以下三步驟：

1.找出別人感興趣的事物。

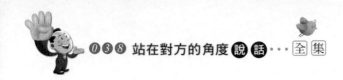

2.對他感興趣的題目，設法先建立起相關知識。

3.明白地對他表示出你確實感到興趣。

在與人建立良好關係的過程中，達到興趣上的一致是很重要的。當雙方都喜歡同樣的事情，彼此的感情自然更融洽。

過程中，不但需要主動且積極地釋出善意，更需要良好的說話技巧輔助，畢竟，會說話的人比較吃香。

PART 2

尊重，讓彼此
更容易溝通

凡是善於談話的人，

必定會小心翼翼斟酌說話方法，

不使溝通陷入僵局。

只要談話之門沒有關上，

就永遠不愁無話可說。

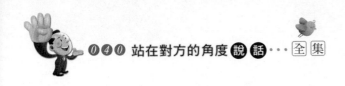

尊重，讓彼此更容易溝通

凡是善於談話的人，必定會小心翼翼斟酌說話
方法，不使溝通陷入僵局。只要談話之門沒有
關上，就永遠不愁無話可說。

有「會說話」的人，自然也有「不會說話」的人。

有些人喜歡抬槓，搭上話就針鋒相對，無論別人說什麼，總
要加以反駁。事實上，他本身可能一點概念也沒有，偏偏當你說
「是」之時，就一定要說「否」，到你說「否」的時候，反而又
說「是」了。

事事要占上風，不與人為善，這是一種極壞的說話習慣。即
便你的見識真比別人多，也不應該以如此態度說話，不為別人留
半點餘地，非要把對方逼得無路可走才心滿意足。

不懂尊重別人，是種不良習慣，足以使你自絕於朋友和同事
之外，沒有人會願意再向你提出意見或建議，更別說是忠告了。
你的本性可能是很好的，但只要染上這種不良說話習慣，朋友和
同事必定會離你而去。

唯一的改善方法，從養成尊重別人的說話習慣開始。

首先你要明白，在日常談論當中，自己的意見未必都是正確
的，而別人的意見也未必就是錯誤的。那麼，又何必次次反駁？

別人和你談話時，可能根本不打算聽你說教，只當作單純談
笑罷了。此時，你若硬要表現出聰明，拿出自認為更高超的見解

壓過對方，即便如願取得優勢，對方也絕不會心悅誠服地接受。

當同事或朋友向你提出建議，若不能立刻表示贊同，起碼要表示願意考慮，不可馬上反駁。

和朋友談天時更該注意，過度執拗足以讓一切有趣的話題變得枯燥乏味。

想要藉言語和人建立良好關係，千萬要表現得謙虛一些，隨時考慮別人的意見，不要太過固執，要讓人們覺得你是一個可以交談的人。

聽到別人的意見和自己一樣時，大可立刻表示贊同，不要以為這樣做會被人認為是隨聲附和，因而默不吭聲。不吭聲，確實不會被人誤解為隨聲附和，但也容易使人以為你並不同意。

當聽到別人的意見和你不一致時，也可以表示你不同意，但此時要注重說話的技巧，把不同意的原因委婉但明確地說出來，避免過度批評或者人身攻擊，如此便不至於傷害彼此的感情。

人與人之間的談話，經常只有一個目的，就是想知道別人對某件事的看法是否和自己相同。若雙方意見一致，就會感到肯定或安慰，如果發現雙方的意見有差異，就會有受刺激的感覺。

常常可以看到人們因為表示出相反意見而得罪了朋友，所以許多專家和相關書籍總是勸人們收斂、圓滑些，不要表達自身的不同意見。但這種說話方式是很片面、膚淺的，也是不誠實的表現。

無論多麼愛面子，除了少數極愚蠢、狂妄的人以外，沒有人不希望擁有忠實的朋友。不妨設想一下，如果你認識一個人，對他說的每句話都隨聲附和，絕口不說「不」，會有什麼樣的結果？也許第一次見面他很喜歡你，但是，不久以後他就會覺得你是個圓滑、不可信賴的應聲蟲，選擇跟你劃清界限。

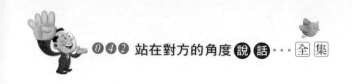

與別人意見不合時，究竟該如何表態？

首先，在細心觀察社會和人生百態後，你要明白一個事實：只要方法得體，向別人表達自己的不同意見，有時還會受歡迎。這是因為，真正得罪人的往往不是意見本身，而是不當的說話方式與態度。

應遵守一個說話原則：表達意見的時候，要假定自己的想法也可能有錯誤，不要強迫別人立即同意，給人充分的考慮時間，致力於做到既不言聽計從，也不固執武斷。

一方面，老老實實地說出自己真正的看法，另一方面，誠懇地尊重別人的意見，這才是最理想的交談方式。

生活中，必定經常可以看見以下情形發生：兩人原本好好地在談話，卻不知不覺就爭執了起來，而爭論的僅是一些極其微小的事情。他們的觀點大體上一致，但都偏執地以為對方完全站在自己的對立面，弄得雙方都非常不愉快。

這是最常見的溝通失敗案例，而導致的主要原因，是在表示不同意之前，忘記說或者以為不必先說自己同意的部分。

難道不是嗎？我們在聆聽他人的長篇大論時，若發現其中某一部分與自己的看法不同，多半會立即提出異議，而對方一聽這話，便會以為提出的意見遭全盤否定，爭執由此產生。

能否在這樣的場合全身而退，考驗著說話本領的高低。一定要記住，先說明自己贊同的部分，然後再說明在某一點上你有不同的意見，如此，對方才可能較容易地接受你的觀點。

無論彼此的意見差距有多大，分歧又是多麼嚴重，只要不表現出絕對不可商量的態度，必定能找出解決方法。

凡是善於談話的人，必定會小心翼翼斟酌說話方式，不使溝通陷入僵局。只要談話之門沒有關上，就永遠不愁無話可說。

要聰明，不要被聰明所誤

 無論對任何人、任何事，開口說話之前，千萬記得提醒自己：要比別人聰明，但不要告訴人家你比他更聰明。

　　伶牙俐齒並不算真正會說話，所謂的說話高手，必定還具備一種能力——以言語激勵、成就他人之美。

　　安德魯‧卡內基是美國的鋼鐵大王，白手起家，既無資本，又無鋼鐵專業知識和技術，卻成為舉世聞名的鋼鐵鉅子，使許多人大感迷惑不解。

　　某一回，一位記者好不容易得到訪問卡內基的機會，迫不及待地劈頭就問：「您的鋼鐵事業成就是公認的，您一定是世界上最偉大的煉鋼專家吧？」

　　卡內基一聽，哈哈大笑著回答：「記者先生，您錯了，煉鋼學識比我強的，光是我們公司，就有兩百多位呢！」

　　記者大感詫異道：「那為什麼您是鋼鐵大王？您有什麼特殊的本領？」

　　卡內基這麼說：「因為我知道如何用言語去鼓勵他們，使他們發揮自身所長，為公司效力。」

　　確實，卡內基創辦的鋼鐵業，是靠一套能有效發揮員工專長的制度，取得了蓬勃的發展。最開始，卡內基的鋼鐵廠因產量無法明顯提高，效益甚差。察覺問題所在後，他果斷地以一百萬美

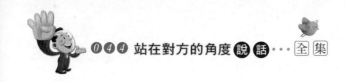

元年薪的高價，聘請查理·斯瓦伯爲總裁。

斯瓦伯走馬上任後，鼓勵日夜班工人進行競賽，工廠的生產情況迅速得到改善，產量大幅提高，卡內基從此逐步走向鋼鐵大王的寶座。

由此可見，卡內基是十分聰明的，如果一開始便自命爲最偉大的煉鋼專家，真正的能人怎麼可能投入他的陣營、爲他效力呢？

法國哲學家羅西法有句名言說：「**如果你想要得到仇人，就表現得比你的朋友更優越吧！**」

爲什麼這句話是事實？因爲當朋友表現得比我們優越時，他們會產生一種自己是重要人物的感覺，但是當我們表現得比較優越時，他們就會產生一種自卑感，導致嫉妒情緒。

讓我們來看看接下來的這則故事：

某段時間，美國紐約市中區人事局最得人緣的工作介紹顧問是亨麗塔，但她並非一開始就擁有極好的人緣，甚至初到人事局的頭幾個月，在同儕間連一個朋友都沒有。你必定感到疑惑，這是爲什麼呢？

因爲每天她都在使勁吹噓自己的工作成績、新開的戶頭裡的存款數字，以及她所做的每一件事情。

「我工作做得不錯，並且深以爲傲。」亨麗塔對成功大師拿破崙·希爾說：「但是，我的同事不但不分享我的成就，還表現得極不高興。我感到很難過，因爲自己是如此渴望這些人能夠喜歡我，希望與他們成爲好朋友。」

「在聽了你提出來的建議後，我開始少談自己，多聽同事說話。我發現他們其實也有很多事情渴望吹噓、分享，且因爲我願意聆聽而感到興奮不已。現在，每回有時間在一起閒聊，我都會讓他們把歡樂告訴我，只在他們問我的時候，才稍微說一下自己

的成就。」

　　想要在人際相處中處處吃香得利，首先得培養出聆聽的態度和雅量，再來，要提醒自己：不要在言語上表現得太「聰明」，尤其當對方犯錯時。

　　切記，無論採取什麼樣的方式指出別人的錯誤，一個蔑視的眼神，一個不滿的腔調，一個不耐煩的手勢，都有可能帶來難堪的後果。

　　你以為對方會心悅誠服地同意你所指出的錯誤嗎？絕對不會！因為你否定了他的智慧和判斷力，打擊了他的榮譽感和自尊心，同時還傷害了他的感情。他非但不會改變自己的看法，還會想要狠狠地展開反擊，這時，無論你再搬出多好聽的言詞彌補，可能都無濟於事。

　　永遠不要說這樣的話：「看著吧！你會知道誰對誰錯的。」因為這等於在說：「我比你更聰明、更優秀。」實際上，等同於一種挑戰。

　　在你還沒有開始證明對錯之前，對方已經被激怒並準備迎戰了，這對解決問題有什麼幫助？為什麼要為自己增加困難呢？

　　某位年輕的律師，參加了一個案子的辯論，因為案子本身牽涉到大筆資金，可說相當重大。辯論過程中，最高法院的一位法官突然對這位年輕律師說：「海事法追訴期限是六年，對嗎？」

　　他當即愣了一下，接著轉頭以驚訝的眼光直視法官，率直地說：「不！庭長，海事法沒有追訴期限。」

　　後來再回顧，這位律師說：「當時，法庭內立刻靜默下來，似乎連溫度都降到了冰點。雖然我是對的，也如實地指了出來，法官卻沒有因此而高興或欣慰，反而臉色鐵青，令人生畏。」

　　「為什麼呢？答案顯而易見，儘管事實站在我這邊，我卻因

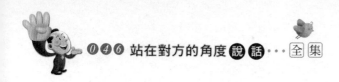

為不會說話而鑄成一個大錯，居然當眾指出一位聲望卓著、學識豐富的人的錯誤。」

是的，這位律師確實犯了一個「比別人正確」的錯誤。在指出別人錯誤的時候，我們必須把話說得更高明一些。無論對任何人、任何事，開口說話之前，千萬記得提醒自己：要比別人聰明，但不要告訴人家你比他更聰明。

對自己的成就輕描淡寫，抱持謙虛態度，必定最受歡迎。

高明的道歉技巧必不可少

犯錯之後，若決定道歉，就該馬上去做，因為
時間的長短與道歉的效果成反比，越早設法彌
補，成效越好。

道歉，是一門值得鑽研的說話藝術。

衷心道歉不但可以彌補破裂的關係，還可以增進感情。當他
人對自己表示出誠摯的歉意，誰能不感動？

原諒別人的錯誤能清除心中的怨恨情感，寬恕不僅僅是美德，
更對健康、對情緒都大有好處。

真正的道歉不只是認錯，也等於承認自己的言行破壞了彼此
的關係，而這關係的重要性非同小可，所以希望能重歸於好。

美國總統羅斯福相當善於處理和新聞記者的應對進退，一回，
《紐約時報》派記者貝賴爾駐白宮，按照慣例，白宮新聞秘書引
他來謁見總統，說：「總統先生，您是否認識《紐約時報》的菲
力克斯‧貝賴爾？」

只聽見一個渾厚有力、充滿自信的嗓音傳來：「不認識，我
想我還沒得到那份快樂。不過，我讀過他的東西。」

這說句話確實說得非常好，「我讀過他的東西」，對一名記
者，絕對是極大的肯定。毫無疑問，透過短短一句話，羅斯福巧
妙地在彼此初次見面時創造了良好的氣氛。

但在某些時候，羅斯福也會顯得不近情面，幸而他懂得補救，

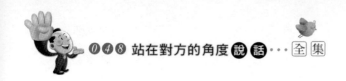

用言語彌補裂痕，重新建立關係。

一次，羅斯福在記者招待會上進行長篇演講，措辭激烈，貝賴爾卻在底下打起了瞌睡。只見羅斯福突然停下來，大聲吼道：「貝賴爾，我才不在乎你代表哪家報紙，但既然在這兒，你就得做筆記！」

不難想見，對貝賴爾來說，美國總統對自己大吼大叫，使他難受得簡直想找個地洞鑽下去，或是衝上講台把羅斯福揪下來，但他什麼也不能做，只能非常難堪地忍耐著。

衝突歸衝突，招待會結束後，羅斯福仍然如慣例般和記者一同談笑，簡短地交換意見，相互之間毫無拘束地閒聊，氣氛極為融洽。他甚至突發奇想為記者取綽號，說貝賴爾應該叫「魯漢」，因為像《紐約時報》那樣嚴肅的報紙，內部應該要有一個叫「魯漢」的人。

雙方瀕臨破裂的關係，順利地在玩笑中重獲肯定。

還有一回，羅斯福在記者招待會上斥責一名記者，但他馬上察覺到自己把話說得太重。事後，記者主動表示歉意，說自己前晚不該玩牌到凌晨四點，以致今天精神不佳。想不到羅斯福卻說，撲克牌真是有趣的好玩意，自己已經好長時間沒和朋友一起玩了，實在懷念得很，且馬上要求秘書去張羅一頓自助晚餐兼牌局。

放眼世界各國，很少有政府官員能和媒體記者建立起良好的互動關係，羅斯福可說是其中的佼佼者。

看完以上幾則事例，相信你必定會同意，他具備了相當高明的說話技巧。

羅斯福能訓人，也能反省自己是否做得太過分，並真誠、主動地表示歉意。這提醒了我們：該道歉的時候，為何不能坦然低頭認錯？高明的言語技巧加上誠懇友善的態度，絕對是讓你在任

何環境都無往不利的關鍵。

　　當然，當我們道歉時，也可能會碰上對方不原諒、碰了釘子下不了台的窘況，這時候，該用什麼樣的態度應對？

　　首要應認清一點，既然是自己錯了，對方會生氣當然合情合理，苦果還是由自己吞下為好。

　　其次，應該藉積極的分析找出原因，也許是因為自己道歉的方式、場合等不太恰當，導致了不理想的情況。

　　道歉並非恥辱，而是真摯誠懇且富教養的表現。

　　道歉是值得尊敬的事，不必奴顏卑膝。要告訴自己：想糾正錯誤是堂堂正正的事，何羞之有？

　　犯錯之後，若決定道歉，就該馬上去做，因為時間的長短與道歉的效果成反比，越早設法彌補，成效越好。

　　道歉認錯和遺憾經常被混淆，但實際上，兩者的概念截然不同。

　　如果自己沒有錯，則不必為了息事寧人輕易認錯。沒有骨氣、沒有原則的做法，不可能帶來多少好處。

　　敢於道歉是一種勇氣，也是有教養的表現，道歉能使友人和好、化敵為友；也能使陷入僵局的人際關係重新獲得進展；更能使家庭和睦、彼此愉快、工作順利、同事融洽相處。

　　它是一種高明的說話技巧，人際關係中必不可少的潤滑劑。

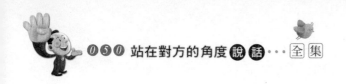

出色溝通，少不了真心尊重

 每個人都希望自己的特點和風格能被人接受並得到重視，都渴望獲得來自他人的尊重和信任，不願被等閒視之。

　　與客戶溝通一定要掌握適切標準，不該說的別說，不該做的別做。

　　無論如何必須牢記一點：客戶不是你的朋友，也不是同事，因此在尺度的拿捏上更需要注意。

　　一般說來，與客戶溝通時，要注意以下幾方面：

　　● 注意交談的內容與方式

　　與客戶交談，一定要注意對話內容與方式，為了便於溝通，可以在不觸犯隱私的範圍內適當地談點私人話題，或者對他來說比較重要的事情，以求拉近雙方的距離。

　　如果不注意與客戶交談的內容與方式，不能把握好應有的分寸，就有可能因為溝通不當導致負面結果。例如，對方與你談及滑雪的技術和他對滑雪的喜愛，就算你本身對此一竅不通，或者根本打從心底討厭下雪和寒冷天氣，也應該表現出禮貌與熱情，專心聆聽。

　　● 避免使用尖刻的言語

　　一對夫婦在一家店裡挑選手錶，選來選去，總是拿不定主意。

東挑西選後，兩人好不容易看上一只手錶，便向店員詢問價格，沒想到店員有些不耐煩了，竟如此回答：「對你們來說，這只手錶明顯太貴了。有些人就連買一只一百元的手錶也要討價還價，但也有些顧客，即便看上的是一只一萬元的手錶，眉頭也不皺一下。你們應該明白，我願意為哪種顧客服務。」

　　聽完這番話，夫婦倆放下手錶，忿忿地離開了那家表店。

　　不妨思索一下，這位店員的言語得體嗎？相信答案絕對是否定的。過於尖刻的言語會得罪上門的客戶，將到手的生意推出去，怎麼看都不划算。

　　● **表達意見時，充分讓對方理解**

　　有一次，一家美國公司向日本某企業進行推銷。從早上八點開始，美國公司的業務代表詳盡地介紹他們的產品，利用投影機把所需的圖表、圖案、報表打在螢幕上，熱情洋溢地宣傳著。

　　兩小時後，介紹終於結束，美國代表用充滿期待和自負的目光看著台下的三位日本商人，問道：「你們覺得如何？」

　　第一位日本人笑了笑，搖了搖頭說：「我沒聽懂。」

　　第二位日本人也笑了笑，跟著搖了搖頭。

　　第三位日本人什麼也沒做，只無奈地攤開了雙手。

　　美國代表大受打擊，面無血色，只見他無奈地靠著牆，有氣無力地說：「這是為什麼呢？」

　　為什麼近兩個小時熱情洋溢的辛苦介紹，最終毫無效果？

　　答案其實很簡單，因為美國人只單方面地按照自己認為合理的表達方式去做介紹，並沒有站在對方的角度，顧慮到對方是否能夠接收並理解，因而導致了「鴨子聽雷」的狀況。所以，在與客戶溝通的時候，一定要確認自己的表達能夠得到對方的充分理解，以確保溝通的效用。

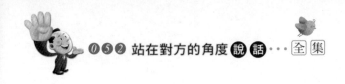

● 尊重對方

每個人都渴望受到尊重，在商場上更是如此。

因為沒能付出應有尊重，導致破壞了溝通的氣氛，相當不值。

為了確保合作愉快，一定要把你的客戶當作重要人物來對待，讓他們體會到，你確實付出了特別的尊重，更看重彼此的合作。讓他清楚，你時時把他擺在重要位置。如此一來，自尊心得到了滿足，自然樂於再次合作。

不僅只有商場，現實生活中的狀況也是同樣，每個人都希望自己的特點和風格能被人接受並得到重視，都渴望獲得來自他人的尊重和信任，不願被等閒視之。用尊重態度待人，絕大多數溝通難題都能迎刃而解。

掌握技巧，讓談判收到實效

 除了聆聽對話內容，還要注意表達的方式，抓出「隱藏在字裡行間的真正意思」。

要讓語言這項武器發揮最高戰力，就要懂得站在對方的角度，說對方最聽得進去的話語，間接傳達自己想要傳達的意思。

說服對方，使原先持相反意見者改變初衷，接受你所提出的建議，正是溝通和談判的主要目的。

要達成這目標並不簡單，需要很高的口才技巧輔助。

歸納起來，強化說服的小技巧主要有五項：

• 用互惠互利說服對手

強調互相合作、互惠互利的可能性和現實性，激發對方在自身利益認同的基礎上，進一步接納你的意見和建議。

在買賣雙方各持利益的前提下，彼此意見相左、互相猜疑，影響談判進行與達成協議的可能是常見的事，因此要想成功，首要在於有效說服。

當對方懷疑自身利益受到不公正待遇或遭遇損害時，千萬不要馬上駁斥甚至攻擊，因為維護利益是正當行為。產生爭執的時候，最重要的是用共同利益加以說服，使對方明白一方獲取利益並不代表另一方就要受到損害，而是雙方互惠互利，取得雙贏。

找出並強調共同利益，正是說服工作的根據所在。

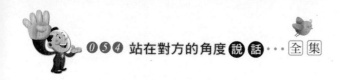

● 保持謙虛有理的態度

溝通過程中難免會有令人不滿意的情況產生，雙方都會面臨一些必須克服的反對意見，因此需要拿出能說服對方的正當理由。若對方的意見正好點出自身產品或服務的缺點，應當認真地傾聽、改進。

最好明確表示你了解他們所說的內容，並願意切實改進，虛心聽取意見的態度具有一種無聲的說服力，能使對方最終同意你的觀點，並心甘情願地在合約上簽下名字。

若是與利益協調相關的問題，你應當在虛心聽取意見之後，搜集更多的資料，讓對方充分地了解實情。

切記，用資料說服對手，比單純憑藉語言更能打動人心。

● 複述對方的談話觀點、內容

一旦對方開始講話，就要透過複述或筆記表現出你的專注聆聽。

複述指準確簡潔地重新表述對方的意見，這樣做的目的，在檢驗自己是否正確理解聽到的話，並鼓勵對方進一步詳細解釋他的意見。在提問——回答式的討論過程中，複述還能確保每個人都能聽到正在討論的內容。

要想複述得準確，首先必須拿出耐心，把話聽完整。過程中注意主要思想、表述方式和主題，並且進行組織，而不要馬上評判它們的對錯。

下一步，重複幾個關鍵字或總結主要思想，例如「也就是說，您提出三條建議……」，而後列出主要思想諸如「您主要擔心的問題似乎是……」

● 聽出字裡行間的意思

除了聆聽對話的內容之外，還要注意表達的方式，力求抓出

「隱藏在字裡行間的真正意思」。

注意講話者的音調、音量、面部表情以及肢體動作。最好能同時帶入感情，想像自己若處於同樣處境會有什麼感覺。將心比心，更有助於理解。

● **適當地做點記錄**

某些情況下，你可能需要在聆聽同時做筆記。

做筆記能夠說明你對正在討論的話題感興趣，並準備追隨講話者的思路。做筆記的時候不需要太詳盡複雜，能抓到重點即可，才不至於因此失去與交談對象的目光交流聯繫。

表示出願意放下身段、真誠理解的態度，輔以眼神交流、做筆記、將心比心等小技巧，可望有效加強自身的說服力，使言語更具魅力，促進達成共識，使談判順利成功。

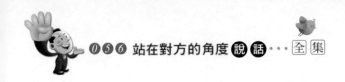

別輕忽與朋友相處時的言談態度

馬克‧吐溫說：「靠一句美好的讚揚，我們能多活上兩個月。」這話雖然有些誇張，但明白彰顯了言語的力量，超乎想像。

培根曾說：「把快樂告訴一個朋友，你將得到兩個快樂；把憂愁向一個朋友傾吐，你的憂愁將會被分掉一半。」

相信沒有人會否認朋友的重要，他們能分享我們的正面與負面情緒，扮演生活中不可或缺的陪伴、支柱。但是，你懂得與朋友溝通交談的正確方法嗎？

與朋友談話，應遵循以下幾個原則：

● **少講客套話**

倘若你到一位朋友家裡作客，對方對你異常客氣，你每說一句話，他只有唯唯而答，滿口客套，一副惟恐你不高興、開罪於你的模樣。如此情況下，你必定會因此覺得有如針芒刺背，坐立不安吧！

你曾經歷過類似情形嗎？或者，你曾如此對待過自己的朋友嗎？

客氣雖然是一種禮貌，但必須斟酌狀況與對象做調整，而不是毫無節制地濫用，否則非但不能使人舒適，反倒感覺痛苦。

對於已相當熟識的朋友，談話的最主要目的，在於溝通雙方的情感，增加彼此的興趣，而客氣話，則好比橫阻在中間的牆，

如果不把這堵牆拆掉，就只能做極簡單的敷衍酬答而已。

朋友初次會面，客套話在所難免，但第二次、第三次會面就應少用如「閣下」、「府上」等詞，不然無法建立真摯的友誼。

客氣話的用途，是用來表示恭敬或感激，而不是用來敷衍朋友的，所以要適可而止，以免流於迂腐、浮滑、虛偽。

若有人替你做了一件小事情，譬如倒一杯茶，表示「謝謝」即可，最多說句「真是不好意思，麻煩你了」，但是有些人卻像領受了什麼大恩大德一樣，滔滔不絕地說：「呵，謝謝你。真對不起，我不該拿這些小事情麻煩你，怎麼好意思呢？這種事情我自己來就行了，實在是……」

相信任何人聽見，都會覺得不舒服。

說客氣話的時候，像背熟了的成語似的，十分公式化地說出口，最易使人討厭。講話態度應溫雅，不可顯得過於急促緊張。還有，切記保持身體平衡，過多的打躬作揖、搖頭作態，反而更不「雅觀」。

把平時過分客氣的言詞改得坦率一些，一定可以享受到友誼之樂。

●朋友面前不自大

愛自我誇大的人是找不到好朋友的，因為他們自視過高，不大理會別人的意見，只顧著自我吹捧，寧可和那些滿口奉承的人做朋友。

可想而知，如果讓這種人做生意，他會覺得只有自己才配賺大錢；如果讓這種人成為藝術家，他絕對會以為自己是一代大師。

但，真正有修養的人不會隨便誇耀自己，過分自大者通常難成氣候，也很難與人展開良好的溝通。

千萬不要故意地與人為難。有的人專門喜歡表示自己和別人

的意見不同，如果你說這是黑的，他就硬說這是白的，下一次你說這是白的，他又反過來說它是黑的，這種處處故意表示自己與別人看法不同的人，和處處隨聲附和的人一樣，都是不老實的，會被人看不起，甚至被憎惡，是不忠實的朋友。

說話本身不是目的，表達自己的感情並與他人建立良好關係才是最大意義。相信沒有人願意做一個口才好卻不受歡迎的人，所以，不要為了刻意表現說話口才而四處逞能，惹人憎恨。

好口才一定要用在正確的地方，才可能在人際交往中吃香。

很多人都有一種毛病：聆聽他人說話時，若發現其中有任何一點與自己的意見不同，就立刻強硬地提出異議，導致爭執產生。

一個真正會說話的人，當碰上這種場合，會記得先說明哪一點或者哪幾方面，自己能夠同意，然後才指出雙方意見不同處。這樣做，對方不僅不會因為面子掛不住而翻臉，也能從言語態度中感受到誠意。

不要抹煞朋友提出的意見，不僅要給予尊重，更該盡可能地稱讚其中優異、出色的地方。如此一來，何愁談話不融洽？

交談時，無論你和對方的意見差距有多大、衝突得多麼厲害，都要拿出一切可以商量的胸懷，並且相信無論有多艱難，都有辦法藉言語取得折衷平衡點，不致造成僵局。

- **誠心地讚美朋友**

對朋友發出一番讚美之辭，不僅是加深友誼的成功秘訣，也能喚醒對方的潛在力量，提升自尊心，一舉從艱難困苦中超脫。

現實生活中，需要用到讚美的場合很多，因為無論對自己、對他人，讚美的影響都是積極正面的。遺憾的是，人們對於司空見慣的事太不注意，沒有意識到人心對讚美的需要，平白浪費掉這項言語利器。

莎士比亞有句名言：「我們得到的讚揚，就是我們的薪資。」

從這個意義上說，每個人都可以是別人「薪資」的支付者，也應該慷慨地把這份「薪資」支付給你的朋友。

回想一下，平時最常聽到的抱怨是什麼？必定不是「太累了」或「太苦了」，而是「我做了這麼多，卻得不到一點肯定或感激」。由此可知，人們確實需要得到讚美，但肯付出這筆無形「薪資」的人實在太少。

有人說，讚美是一筆投資，只需片刻思索就能獲得意想不到的報酬，這話有些道理，但似乎又含有太多實用主義的功利味道。讚美不應該僅僅為了報酬，更是溝通情感、表示理解的方式，如同微笑，是照在人們心靈上的陽光。

馬克・吐溫說：「靠一句美好的讚揚，我們能多活上兩個月。」這話雖然有些誇張，但明白彰顯了言語的力量，超乎想像。

因此，即使是和要好的朋友相處，言語上的態度拿捏也不容輕忽。

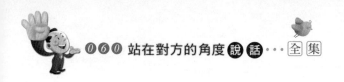

適度自誇，是高明的說話方法

並不是身處任何場合、從事任何事情都適合謙虛。過度自謙退讓的說話態度，反而容易給人「沒用」的錯覺。

謙虛是一種美德，更是有效拉近自己與他人間距離的說話秘訣，但不可過分濫用，否則將產生反效果。

事實上，當某些特定時刻，我們非但不可謙虛，更要極力自誇。

從古至今，「自誇」的成效驚人已是不證自明的道理。毛遂若不勇於自薦，自身長才必定不會被發掘。蘇秦、張儀遊說列國，鼓吹合縱或連橫，都是在自讚自誇外交方針、軍事策略的高明。

由此看來，早在春秋戰國時代的外交舞台與上層社交場合，自讚自誇就已成為極普遍的現象。可惜的是，後來的人際交往演變，卻逐漸形成了一種偏激而保守的傳統見解，視自謙自貶為美德，視自讚自誇為狂妄。

現代化開放風氣下，商品經濟發達，人際交往頻繁，新產品、新精神以及新行業、新知識和新人才不斷湧現，導致了競爭的激烈白熱化。若不懂得適度自誇，你的優點會有誰知曉呢？

務必要釐清一個觀念：自讚自誇與自吹自擂，兩者是截然不同的。前者以事實為基礎，講究說話的方式方法，進行適當的藝術加工；後者則純屬不顧事實真相牛皮、空話。

那麼，如何才能做到適度、聰明的自讚自誇？

　　自讚自誇的首要法則，要實事求是，符合實際情況，符合科學規律。誇大其詞達到違反常規的地步，只會降低可信度與效果。

　　其次，自讚自誇應有明確的目的。無論是招聘人才、購買商品，都有一定的規格、要求，若你的優點非對方所需，你的長處非對方所急，再高明的自讚自誇都無異於對牛彈琴。而要了解對方的所急所需，就必須事先進行調查，掌握真實現況，做到知己知彼，心中有數。

　　再者，自讚自誇既可以直接出自本人之口，也可以轉借他人之口，最好還輔以如獎狀、獎品、名人評介、新聞傳播媒體的表彰……等等證明，增強可信度和說服力。

　　另外，最重要的，自誇千萬不可過度，以免引起聽者反感。最聰明的方式是做到小貶大褒、輕貶重褒，既體現實事求是的態度，又給人留下謙虛的好印象，全然無損自身形象。

　　我們當然不能否認謙虛的好處，然而，並不是身處任何場合、從事任何事情都適合謙虛。過度自謙退讓的說話態度，反而容易給人一種「沒用」的錯覺，實際上並不聰明。

PART 3

會說話，
更要會聽話

有良好口才的人，

必須同時擁有良好的「耳才」，

很會說話的人，

同時必須是很會聽話的人。

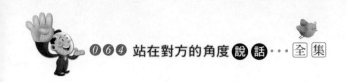

技巧傾聽，將距離拉近

 期望事業成功，人際關係順利，走遍四方，無往而不利，就要訓練自己聽別人想說的事情，說別人喜歡聽的話。

設身處地想像一下，如果你在向顧客推銷、介紹某樣產品時，不斷地遭到打斷或爭辯，又或者對方一邊聽、一邊做著別的事情，表現出不耐煩的模樣，你會有什麼感受？

一定覺得對方根本沒有在聽你說話，對你一點也不尊重吧！

確實，每個人都希望自己說話的時候，別人能認真傾聽，給予適當的回應，能了解並體會自己說出的每句話、每個字。

這就是人性。所以，曾有一位著名的經濟學家說：「關於成功的商業交易，沒有什麼不可告人的秘訣，注意正對你講話的每一個人，表現出專注聆聽的模樣，如此就好。事實上，沒有任何事情比這一點更令人開心了。」

身為店員或推銷員，往往對自己的商品或服務有著宗教狂熱般的熱忱，希望把自己的積極喜悅傳遞出去，和所遇見的每一個人分享，因此只要碰上任何一個人，就開始喋喋不休地訴說。這是不行的，在和陌生人初接觸的當下，千萬要克制傾訴慾望，改以耐心的傾聽相待。畢竟，學會傾聽，我們才能知道自己該說什麼話。

傾聽，是關注別人、心中有愛的體現，有助於了解對方的基

本情況和需求，為進一步的深入準備。此外，能讓對方感覺到友善和尊重，因而同意建立關係，成為朋友。不過，當一個好的傾聽者並非易事，下面提供幾種技巧：

1. 直視說話者，不要分心。

2. 將注意力集中在字句的意義上。

3. 以坦蕩的態度傾聽，不要存有偏見。

4. 偶爾發出附和，諸如「天哪」、「後來呢」、「真是的」、「太可怕了」、「太好了」、「好糟糕啊」、「原來如此」……等等。

5. 即便已經知道答案，也不要打岔。

6. 試著少說話，除非必要。

7. 對他人遭遇的各種問題，表示興趣或關心。

千萬記住一個觀念：與你談話的人，對他自己、他的需要，比你以及你的問題要感興趣的多，甚至可以說，他的牙疼比南極臭氧層的破洞更值得關心。下一回，不論是在旅行、參加聚會或者理髮、看病的等待時間，若有機會與人攀談，不妨試著多鼓勵對方談談他自己，而你則耐心地聽，巧妙地提問，幫助對方發洩情緒同時，也盡可能地多收集相關資料。你將會發現，因為善於聆聽，讓自己獲得了一個朋友。

當然，期望拉近人與人之間的距離，使人際相處順利，光靠當個好聽眾還不太夠，進一步來說，你必須學著「引起興趣」。

面對陌生人，怎樣才能找到讓對方感興趣的話題呢？

根據場合，你可以透過不同策略的運用，概略地抓出對方的喜好，從而促使談話開展。

● 用眼睛觀察

如果你身處對方的住家或辦公室，那麼就迅速地觀察一下，

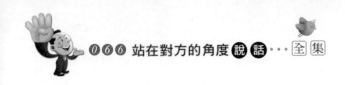

裡面是否有些什麼不尋常的東西、特別的擺飾、不一樣的室內裝潢，或者可愛、名貴的寵物，又或者對方的穿著打扮，飲食習慣上，是否有任何特別醒目的地方。

以自己觀察到的特殊事物切入，作為開場白，將很容易引起對方的興致，打開話匣子，大談特談。例如你到了顧客家裡，看到牆上掛著一幅國畫或一幅大型的扇面，就可以用欣賞的語氣說：「這扇面相當漂亮，很有特色，應該很有一番來歷吧！」

不過簡單的一句話，卻切中對方最得意的「事蹟」，於是他可能一反原先冰冷態度，開始滔滔不絕介紹曾有的一次遊歷或其他難忘故事。如此談下來，自然有效拉近了彼此的距離。

● 用耳朵聆聽

認真地傾聽別人談話，從中獲取訊息。對方不假思索的反應，重複多次的話語，或者特別的表情和語調，在在都足以提示你真正感興趣的是什麼。

例如，在聚會的場合裡，聽到身邊某位客戶表示對釣魚很有心得，說得頭頭是道，你一定要馬上記在心裡，日後若有機會，便可藉自己最近想學習釣魚之類的理由，與對方展開聯繫。

● 開口發問

凡是屬於社交性、較熱鬧的場合，不妨直接詢問對方的職業，孩子在哪兒讀書，平時有什麼消遣，去過什麼地方旅遊，喜不喜歡昨晚的電視劇（或對最近轟動的電影、暢銷書、運動比賽的看法）⋯⋯等等。

從無傷大雅、不傷感情、不涉及隱私的問題著手，是最萬無一失的法則。鼓勵對方談談自己，往往會收到出乎意料的好效果。

如果我們期望事業成功，人際關係順利，走遍四方，無往而不利，就要訓練自己聽別人想說的事情，並且說別人喜歡聽的話。

會說話，更要會聽話

 有良好口才的人，必須同時擁有良好的「耳才」，很會說話的人，同時必須是很會聽話的人。

不僅會說，更要會聽，這樣的人才真正吃香。

談話時，大凡你一句我一句地講，你一段我一段地講，或者只講不聽、只聽不講，都不能算是真正的談話。

我們應該知道，自己所要追求的口才，不僅只注重講，還包括了聽在內；不只是口的問題，更與耳脫不了關係。

當腦子裡有希望表達的思想產生，自己把它變成語言，經過口唇的動作發出聲音以後，還要經過對方的耳膜、耳神經，傳達到腦子裡，才算完成。

但這時候，印在對方腦子裡的那一點意思，是不是跟最初自己所要表達的完全一致呢？

這是擅長說話者最關心的課題。

追求說話能力的提升，不僅限於關心自己口中說出的話，更要理解對方腦子裡接收到的訊息究竟是什麼。

說穿了，一切關於口才的藝術，最後所追求的，就是自己的話在對方腦子裡所發生的印象及效應——要對方明白自己的話，相信自己的話，更願意照自己的話去行動。

你必定會問，要怎麼知道對方心裡在想些什麼呢？

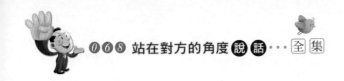

答案非常簡單，主要就是靠「聽」。

要小心地聽對方講話，更要好好地練習如何聽別人說話，抓出對方真正想傳達的意思。

一般人聽別人說話時，都是相當不仔細、漫不經心的，動輒漏聽或者誤解。因此，關於對方的認識，免不了流於片面，充滿錯誤。如此一來，怎麼能夠希望自己的話抓住聆聽者的心，引起興趣，甚且說中心事呢？又怎能針對他心中的疑慮，進行有效的解釋呢？

許多人都以為能夠滔滔不絕、口若懸河、一大套一大套地講個不完，就是有口才，但這想法並不正確。只顧著自己講，一點也不在乎別人聽了會怎麼想，這類人，即使講得很不錯，也不能說他的口才很好。

真正擁有極佳口才者，並不一定講得很多，而是妙在能了解別人的心情和看法，三言兩語就使人感到佩服。

這種人的最大優勢，在善於聆聽。

你極有可能要問：「如果別人始終不開口說話，怎麼辦？」口才很好的人就是有這樣的本事，使人說出自己的意見來。

會說話的人，不但自己會說，還擅長於聽，更有辦法使別人主動開口說話、高談闊論、暢所欲言、開誠佈公，甚至於推心置腹。

當然，只要有心，無論多麼複雜的東西，都有辦法學會。從最簡單的、最基礎的部份開始，持續不斷地練習，任何人都可以在對談進行過程中明確抓住別人的說話要點。

在別人說完一段話以後，我們應要求自己分析出這一段話的意思，主要涵蓋了哪幾點。

試試把聽到的話記下來、轉述出來，告訴朋友或家人，如此

將可以更有效率地提高自身的聽話能力，不僅抓住對方說話的細節，連講話的用語、聲調和表情都不放過。

有良好口才的人，必須同時擁有良好的「耳才」，很會說話的人，同時必須是很會聽話的人。

會說話的人，在說的時候，絕不只僅憑自己的意思一味地滔滔不絕。事實上，他們在未說之前、說的時候、說完之後，都對一件事情非常關心，那就是——自己的話在對方耳中聽起來，究竟如何。

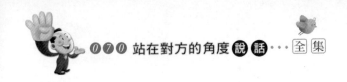

不輕忽觀察與傾聽，說話能力更精進

一個口才好的人，不只用口，不只用耳，而且還要用眼。耳朵與眼睛兼備，才能讓口才達到真正完美的境界。

　　一個口才好的人，無論在自己說話的時候，或是對方說話的時候，總是隨時地留意著對方面部的表情、眼神、姿態，以及身體各部位的細微變動。

　　舉個例吧！在你說話的時候，如果對方兩眼忽然發亮，那是什麼意思呢？如果眼神好像很茫然的樣子，又是什麼意思呢？

　　如果聆聽者聽了某一句話，忽然笑出聲來，那是什麼意思呢？是開心的笑，還是不以為然的笑呢？

　　如果對方打起哈欠來，如果對方的手指不安地亂動，甚至是暗暗把拳頭握緊……這些小動作，又可能代表著什麼？

　　自己說話時，要留意聽者的反應，聆聽他人當對方說話時，更是要把眼睛和耳朵都集中在對方身上。

　　一個人並不只用語言來傳達自己的思想感情，特別是一般人，對說話、文字運用，都沒有經過適當的訓練，說出的話常常不能恰當地表達心意，因此在言語無能為力時，就需要藉神態和動作來補充。

　　最明顯的例子，當他們感覺到自己說出的話不太正確的時候，常常會用力地猛搖幾下頭；而一面說一面點頭，則是因為很滿意

當下正在說著的話；若是在說話的時候皺起眉頭，則代表他們不曉得說出的話是否正確，感到疑惑。

講話者的聲調，往往傳遞著重要訊息。同樣一句話，用不同的聲調來說，便象徵了不同的意義。

一句話裡面，將哪個字說得重一點，將哪個字說得輕一點，足以使這句話本身的涵義產生或大或小的變化。

可是，在聽人說話時，如果你只用上耳朵，沒有用眼睛去捕捉對方的動態表情，那無論你將對方聲調的變化把握得如何細緻精當，仍可能會漏掉許多可以用眼睛發現的重要消息。

許多人都有一種壞習慣，聽別人講話時，不是低著頭，就是兩眼望著別處，總不肯望著說話的對方。

如果問他們為什麼要這樣呢？他們往往會回答說，我不覺得有去理會注意的需要，或者說，我覺得有點不好意思。

相對的，也有些人會用眼睛死死地盯著說話者，好像發現小偷或看見絕世美女一樣。這種態度同樣會使說話者感覺不舒服，並不妥當。

必須釐清一個觀念：問題的癥結點並不在於兩眼望人這件事本身，而在於你望人時的心理狀態。

用眼睛看人，固然有時候是在偵察，但更多的時候，是在認真地注意對方說的話，是在熱切地關心對方，更是在誠懇地尊重對方，細膩地體貼對方。所以，用眼望人，在大多數場合是禮貌的，只要你對人無惡意之心，且充滿熱情，就不會害羞，也不至於無禮。

在練習口才，用口說話之前，必須先學習會用耳、用眼。

用你的耳目去了解、把握、體貼對方，你口裡說出的話才會深入對方的心坎，這才是口才的最高成就。

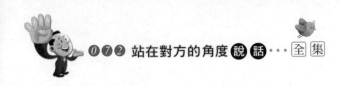

　　時時提醒自己，想要提升自身具備的說話能力，先不要急於
說，先聽，先看，聽人怎麼說，看人怎麼講。

　　一個口才好的人，不只用口，不只用耳，而且還要用眼。耳
朵與眼睛兼備，才能讓口才達到真正完美的境界。

聽話的才能和修養，影響極廣

 生性較神經質、苛刻的人，會從他人講話與聆聽的態度，判斷誰對自己友善、誰又抱有敵意。

　　所謂談話，必須在講話者和聽話者雙方同時存在的狀況下才能進行，可儘管如此，並不保證一定能夠談得順利。

　　不知你是否注意到一個有趣的現象：愛講話的人，往往會對愛聽他講話的朋友特別親近，但若換成兩個同樣口若懸河的人湊在一起，便難保不發生衝突。

　　不妨想想，這是為什麼呢？

　　道理很簡單：喜歡說話的人多，願意傾聽的少。由此可知，懂得說話，同時也懂得聽話的人，在社會上最吃香。

　　若把會說話當成一種才能，那麼，聽話則既是一種才能，又是一種修養。西方大部分都喜歡「聽話」的人，東方人更覺得「聽話」的人好相處，它是虛心、尊重的象徵，更是虛懷若谷的好品德。

　　常言道：「眼睛比嘴巴更會說話。」觀察別人在聽話時做出的表情和反應，是達到感情交流的重要手段。

　　曾有專家針對來自五種不同文化環境的學生展開研究，得出相當有趣的結果：儘管他們彼此說著不同的語言，幾乎不能溝通，卻能準確地辨認出對方臉上代表幸福、厭惡、驚訝、悲哀、憤怒

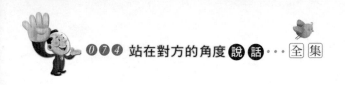

和恐懼的表情。

透過這項研究，可以知道，人即便不說話，也能藉臉上的神色傳遞出自己心中的想法，包括喜愛、悲傷、驚喜、遺憾等感情。

接下來，讓我們更深入了解「聽話」能帶來的幾大好處：

● 聽話的耐心──交際中佔得便宜

幾位大學畢業生坐在小會議室裡，正在接受新單位的工作分配。人事經理上台簡要地介紹公司情況，此時，畢業生小姚由於已從其他資訊管道獲悉自己將被分配到外銷部工作，因此對經理冗長的介紹滿不在乎、東張西望，甚至偷偷地把隨身聽的耳機戴上，放起音樂來。

不料，就在此時，經理突然宣佈分配方案將有改動，第二天，小姚被告知改到待遇較差的儲運部報到。

他對工作的突然變動感到迷惑不解，實際上，問題就出在他聽講時所表現出的不耐煩態度上。

聽人講話時，要像自己對別人說話一樣，保持飽滿的情緒，專心致志地理解對方講述的內容，即使你覺得內容過於囉唆沉悶，或已經聽懂要表達的意思，也應出於尊重，認真聽下去。如果對象是老朋友，你可以適時插入其他話題，引導談話轉向，往彼此較感興趣的內容發展，但對於初識或重要的交際場合，不可輕易這樣做，以免失禮。

● 聽話的謙虛──贏得美名

人際交往的主要功能是情感交流，但在過程中，又不能過於感情用事。

許多年輕人都有一個毛病，就是過於自我，不尊重他人，經常不顧場合就打斷別人的談話，自己接下去亂發揮一通。這是非常沒有禮貌的一種表現，殺傷力極大，尤其忌諱在與長輩、上司、

師長的談話中發生。

如果「雄辯是銀，沉默是金」的說法確實正確的話，身處有經驗或者富見識者在座的場合，不妨扮演一名熱情的聽眾就好，因為這不失為一個能獲得知識、增長見識的良機。

歐美先進國家的談吐心理訓練中，有兩項內容必不可少，第一是講話的分寸與風度，第二就是學會在合宜的時機作稱職的聽眾。

善於傾聽的人，最先也許不大受人重視，不大引人注意，但後來必能受人尊敬。展現出傾聽的雅量，不僅使人覺得你謙虛好學，更使人對你內蘊不露的才能產生敬畏，有利無害。

● 聽話的呼應——顯現你的才氣

一邊聽人家講話，一邊做與談話無關的事，是不尊重的表現，因此，不論面對的是地位比自己高或是低的人，都要會心聆聽。當然，偶爾回應一兩句話是很好的，這種積極的呼應，說明你對話題相當留心且具有興趣。

當一個人在講話的時刻，必定無時無刻不關心週遭聽眾的反應。生性較神經質、苛刻的人，會從他人講話與聆聽的態度，判斷誰對自己友善、誰又抱有敵意。與人談話時，不時發出聽懂、贊同的聲音，或有意識地重複某句重要的話，都足以讓對方不自覺地對你產生好感。

很多時候，會心的笑聲等同於一種讚許，傾心聆聽的表露。適度運用，能夠幫助你在與人交流時取得更高的印象分數。

聽話，其實比講話更能體現出一個人的才能和修養。

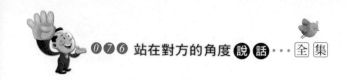

抓出聽與說之間的平衡點

想要在與人交往時佔優勢、吃香，就要抓好沉默與健談的分際，找到最適宜的平衡點，不說不適宜的話。

多說招怨，瞎說惹禍，絕對不是危言聳聽。正所謂言多必失，多言多敗，適度保持沉默才不至於出錯，因為這是不傷人的最好方法。

一個冷靜的傾聽者，不但受人歡迎，且能獲取有利訊息。相對的，喋喋不休的人則像一艘漏水的船，凡不慎搭上的乘客，無不希望趕快逃離。

不得不承認，言語是一把雙面刃，它可能使人吃香，也可能使人吃癟。產生的影響力究竟是好是壞，由運用方式決定。

話多不如話少，話少不如話好，多言不如多知。即使千言萬語，也不及一件事實留下的印象那般深刻。多言是虛浮的象徵，因為口頭慷慨的人，行動一定吝嗇，說話極隨便的人，必定不具備責任心。

一個話說得少而且說得好的人，往往會被視為紳士。

因此，在我們的人生中，有兩種教訓是不可少的，就是沉默與優雅的談吐。不會機智地談吐，又不懂適時保持沉默，將造成很大的缺憾。

我們都希望擁有好口才，卻也常因話說得太多而後悔，所以，

當你對某事沒有太深刻了解的時候，還是保持沉默吧！

當然，沉默不能過分，否則將產生溝通障礙。

少說話固然是美德，可是，人既然在社會中生活，就免不了得說話，而不能完全不說話，不然跟啞巴沒兩樣。

由此，產生另一個問題：既然要說話，該怎麼說才好？

在任何地方、場合，要說話時，最好多說自己經歷過的感慨之言，說心靈深處的衷心之語。說自己有把握的話、說能夠啟迪人的話、說能警戒人的話、說能教育人的話、說溫暖的話、說能使人排憂解難的話。

由此延伸，自身沒把握做到的話不要說、言不由衷的話不要說、傷人的話不說、無中生有的話不要說、惡言惡語不要說、傷感情的話不要說、造謠的話不要說、粗言穢語更不要說。

若是到了非說話不可的重要關頭，你所說的內容、意義、措詞、聲音、姿勢，都必須加以注意，什麼場合，應該說什麼、怎樣說，都要先進行研究。

無論是探討學問、接洽生意、交際應酬、娛樂消遣，從我們口裡說出的話，一定要有重心，更要具體、生動。即便不能達到「不鳴則已，一鳴驚人」的境界，但只要朝這個目標努力，必定會有所發展，得到收穫。

必須知道，想了讓你說出的每一句話確實被人重視，不使人討厭，唯一的秘訣就是說適量的、恰當的話。說出適量的話，能使你擁有較充裕的思索時間，使言語更精采、動人。

在學習保持適度沉默同時，也該要求自己成為一名好聽眾。

做一個有耐心的聽眾，是談話藝術當中一項重要條件。能靜坐聆聽別人意見的人，必定富於思想並具有謙虛溫和性格，會是受歡迎、被尊敬的角色。

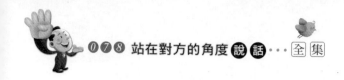

成為一名好的聽眾，必須滿足以下幾個條件：

首先，必須真誠。別人和你談話的時候，你的眼睛要注視著對方，無論對方的身分地位多高或者多低，這個大原則都不改變。

只有虛浮、缺乏勇氣或態度傲慢的人，才不正視別人。

別人對你說話時，不可同時做著一些不必要的工作，一方面，這是不恭敬的表示，另一方面，若他在發話途中偶然問你一些問題，你將極有可能因為不留心而無法恰當地給予回應。

其次，傾聽別人的話時，偶然插上一兩句回應是很好的，不完全明白時，提出疑問也是非常需要的，因為這樣做正表示了自己對交談的重視與誠意。但不可把發言的機會搶過來，滔滔不絕地說起來，除非對方的發言已明確地告一段落，或明示你可以接過話題，才能這樣做。

另外，無論他人說什麼話，最好不要隨便糾正當中的錯誤，若不慎因此引起對方的反感，你就算不上是一個好聽眾。無論是提出意見或批評，都要講究時機和態度，避免過於莽撞，將好事變成壞事。

有些人常喜歡舊事重提，把一件已經對你說過好幾次的事情說了又說，這通常是深埋在他心裡最難忘的事情，或比較得意，令他高興，或者比較傷心，令他不快。也有些人會把一個笑話重複多次，還自以為新鮮有趣。

這種情況下，作為一個聽眾的你，一定要培養出忍耐的美德，千萬不能對他說，你已對我說過好幾遍了，否則將嚴重傷害對方的尊嚴。

你唯一應該做的，是耐心地聽下去，不要表露出厭煩，以博得好感和信任。

如果說話者滔滔不絕，你卻毫無興趣，覺得用時間和精力去

應酬他十分不值得的時候，應該用更好的方法使對方停止乏味的話題，並謹守不傷害自尊、尊嚴的原則。最好的方法，是巧妙地引開現下進行的話題，談點別的，而這個別的話題，最好是他所內行的或是所喜歡的題目。

一個人是健談好，還是沉默好？

事實上，兩種都好，也都不好。

想要在與人交往時佔優勢，就要抓好沉默與健談的分際，找到最適宜的平衡點，不說不適宜的話。

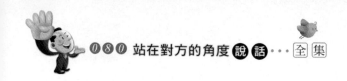

爭取交往優勢，從傾聽開始

不去傾聽自己如何講話，也就不會知道別人應如何對你講話，當然無從謀求聆聽能力的進一步提高。

無論你與人交往的目的是什麼，都要在學會「說」的同時也學會「傾聽」，讓這兩種優勢相輔相成，才會比他人更吃香。

掌握應該注意的事項，理解「聽的規則」，將能有效提高交往的效率。

聽的十項規則，現列舉如下：

• **弄清楚自己聽的習慣**

首先要了解，你在聽人講話時，有哪些好的習慣，又有哪些壞的習慣。

你是否習慣對別人的話匆忙做出判斷？是否常常打斷別人的話？是否經常製造交往障礙？

了解自己的習慣，是正確運用聆聽技巧的前提。

• **不要逃避交往的責任**

既然稱爲交往，自然代表有兩名以上參與者，既有說話者，也有聽話者，缺一不可，且每個人都應輪流扮演聽話者的角色。

作爲一個聽話者，不管在什麼情況下，當不明白對方說出的話究竟代表著什麼，便應該藉各種方法使他知道這一點。

你可以向他提出問題，或者積極地表達出你所接收到的意思，

以便讓對方糾正聽錯之處。

這種時候，最忌諱的就是一言不發，一點表示也沒有。

● **全身都要注意**

要面向說話者，與他保持目光接觸，以自身的姿勢和手勢證明正在傾聽。無論自己是站著還是坐著，都要與對方保持適當距離。

畢竟，人人都希望與能認真傾聽、舉止活潑的人交往，而不願意白費心力與「木頭人」對談。

● **把注意力集中在對方說的話上**

既然每個人集中注意力的時間不長，你在聽話時，就要有意識地把注意力集中起來，努力把環境干擾壓縮到最小限度，避免走神分心。

積極的姿勢，有助於注意力的集中。

● **努力理解對方的言語和情感**

不僅要聽見對方傳達的資訊，更要聽出對方表達的情感。

假設有兩名郵差，其中一名這樣說：「我已經把這些信件處理完了。」

另一名則說：「謝天謝地！我終於把這些該死的信件處理完了！」

儘管兩人所出發的資訊內容相同，但後者與前者顯然存在著明顯區別──他還表達了強烈情感。

不僅傾聽講話的內容，更理解說話者的情感，如此細心的聆聽者，必定能準確地理解說者的想法與情緒，取得交往的最高效率。

● **觀察講話者的非語言信號**

既然人際交往經常透過非語言方式進行，我們不僅要聽對方

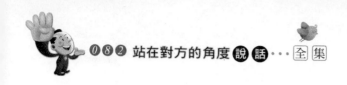

的語言，更要注意對方的非語言表達方式。

這就要求你留意觀察說話者的面部表情、如何與你保持目光接觸、說話的語氣及音調和語速等，同時，還要注意對方站著或坐著時與你保持的距離，從中發掘出言外之意。

● **對講話者保持稱讚態度**

對講話者保持稱讚態度，能塑造良好的交往氣氛。

講話者越感受到你的稱讚，就越能準確表達自己的思想。相反，如果你對講話者表現出消極態度，就會引起他的防禦反應，產生不信任感和警戒。

● **應努力表達出理解**

與人交談時，要努力弄明白對方的感覺如何，他到底想說什麼。

全神貫注地聆聽，不僅表明你理解他的情感，且有助於準確地理解資訊。

● **要傾聽自己講的話**

傾聽自己講的話，對於培養傾聽他人講話的能力是很重要的。

傾聽自己講的話，可以讓你了解自己，事實上，一個不了解自己的人，很難真正地了解別人。

傾聽自己對別人講了些什麼，同時也是了解、改變和改善聆聽的習慣與態度的一種手段。

不去傾聽自己如何對別人講話，也就不會知道別人應如何對你講話，當然無從謀求口才與聆聽能力的更進一步提高。

圓融推銷，當然有訣竅

好的說話技巧，不是要你花言巧語去欺騙顧客，而是要以真誠為出發點，利用技巧把話適當地加工，達成交易。

說話技巧是推銷員的必備技能，好口才在消極面可以化解尷尬、避免爭論，從積極面來看，則可以讓你的顧客心甘情願掏腰包，甚至覺得賺到了，開開心心完成一場交易。

以下有七大技巧，你可以像在拼玩七巧板般將這七塊板子互相組合運用，把話說得更漂亮。

● 少用否定句，多用肯定句

肯定句與否定句意義恰好相反，不能亂使用，如果運用得巧妙，肯定句可以代替否定句，而且效果更好。

顧客問：「這種衣服還有紅色的嗎？」

若推銷員回答「沒有」，就是否定句。

顧客聽了這話，一定會說：「那就不買了。」於是轉身離去。

如果推銷員換個方式回答，顧客可能就會有不同的反應，比如說：「真抱歉，紅色的進貨少，已經賣完了，不過，我覺得藍色和白色和您的氣質更相稱，您可以試一試。」

肯定回答不僅巧妙解決缺貨的尷尬，還會使顧客對其他商品產生興趣。

● 採用先貶後褒法

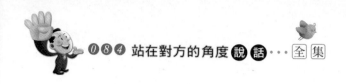

推銷員在介紹商品時，要實事求是，但對商品的優缺點介紹仍應有所側重。請比較以下兩句話：

1. 價錢雖然稍高一點，但品質很好。

2. 品質雖然很好，但價錢稍微高了一點。

這兩句話除了順序顛倒以外，字數和措辭並沒有太大變化，卻讓人產生截然不同的感覺。

先看第二句，客觀存在的重點放在「價錢」高上，因此，顧客可能會產生兩種感覺：其一，這商品儘管品質很好，但也不值那麼多；其二，這位推銷員可能小看我，覺得我買不起這麼貴的東西。

仔細一分析，第一句，它的重點放在「品質好」上，所以顧客就會覺得，正因為商品品質很好，所以價錢才高。

因此，在向顧客推介商品時，應該先提商品的缺點，然後再詳細介紹優點，也就是先貶後褒。

• 言詞生動，語氣委婉

在先貶後褒的同時，要注意言詞生動，語氣委婉。

請看下面三個句子：

1.「這件衣服您穿很好看。」

2.「這件衣服很高雅，您穿上像貴夫人一樣。」

3.「您穿上這件衣服，至少年輕十歲。」

第一句話說得很平常，第二、三句就顯得比較生動、具體，顧客聽了，即便知道你是在恭維，心裡也很高興。

除了語言生動之外，用詞委婉也很重要。對一些條件特殊的顧客，要把忌諱的話說得中聽，讓顧客感受到你的尊重和理解。比如對較胖的顧客，不說「胖」而說「豐滿」；對膚色較黑的顧客，不說「黑」而說「膚色較暗」；對想買低價品的顧客，不要

說「這個便宜」，而要說「這個價錢比較適中」。

有了這些語言上的藝術處理，顧客會感到更舒適。

- **「是，但是」法**

回答顧客異議時，這是一個廣泛應用的方法，它非常簡單，也非常有效。具體來說，就是一方面表示同意顧客的意見，另一方面又解釋了疑惑產生的原因及顧客看法的片面性。

一家園藝店裡，一位顧客正在打量著一株非洲紫羅蘭。

顧客：「我一直想買一棵非洲紫羅蘭，但聽說很難開花，我的一位朋友家中的就從沒開過。」

店員：「是的，您說得對，很多人的紫羅蘭開不了花。但是，如果您給予適當的栽培，它肯定會開的。這個說明書將告訴您怎樣照顧紫羅蘭，請按照上面的要求去做，如果仍不開，可以退回。」

這位推銷員用一個「是」對顧客的話表示贊同，用一個「但是」解釋了紫羅蘭不開花的原因，可以讓顧客心情愉快地改變對商品的誤解。

有時，顧客可能提出商品某個方面的缺點，推銷員則可以強調商品的優點，以弱化被提出的缺點。

例如，推銷員這樣說：「這種沙發，表面是用漂亮的纖維織成的，坐在上面感覺很柔軟。」

顧客：「是很柔軟，但很容易髒。」

推銷員：「您說的是幾年前的情況了，現在的纖維織物都經過了防汙處理，而且具有防潮性，即便弄髒了，污垢是很容易除去的。」

- **引導法**

對於欲購買商品的顧客，推銷員有時可以透過提問的方法引

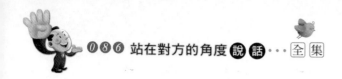

導，讓顧客自我排除疑慮，自己找出答案。

　　例如，一位顧客進入商店看冷氣機，並直接表示：「我想買一台價錢便宜點的冷氣機。」

　　推銷員：「便宜的冷氣機一般都是小型的，您想要小一點的嗎？」

　　顧客：「我想，大概量販店裡的會便宜一點。」

　　推銷員：「可是那裡的冷氣機，品質明顯比較差吧！」

　　顧客：「哦，這樣說也是……」

　　透過提問，推銷員能讓顧客對於各種型號的商品有一定了解，以幫助進行客觀的比較。

　　• 展示流行法

　　這種方法就是推銷員透過揭示當今商品流行趨勢，勸導顧客改變自己的觀點，從而接受推薦。

　　這種方法，一般適用於對年輕顧客的說服。

　　例如，一位父親想給年幼的兒子買輛玩具賽車。他們來到一家玩具店，兒子想要一輛黑色的賽車，但卻剛好賣完，店員勸說買別的顏色，可是那位孩子固執己見，非要一輛黑色的不可。

　　這時，經理走過來，笑著說：「小朋友，你看看大街上跑的車，幾乎全是紅色的喔！」

　　一句話讓孩子改變了主意，欣然選擇了紅色的玩具賽車。

　　• 直接否定法

　　當顧客的異議來自不真實的資訊或誤解時，可以使用直接否定法。

　　例如，一位顧客正在觀看一把塑膠柄的鋸子。

　　顧客：「為什麼這把鋸子的柄用塑膠而不用金屬製的呢？看起來必定是為了降低成本。」

　　推銷員：「我明白您的意思，但是改用塑膠柄絕不是為了降低成本。您看，這種塑膠很堅硬，和金屬一樣安全可靠。很多人都喜歡這種樣式，因為它既輕便，又便宜。」

　　以直接否定法駁斥顧客的意見，只有在必要時才能使用。而且，採用此法說服顧客時，一定注意語氣要柔和、婉轉，讓顧客覺得你是為了幫助他才提出反駁，而不是有意要和他辯論。

　　話人人會說，但巧妙各不相同。赤裸裸的內容經過大腦的適度修飾、包裝後，尖銳的言詞可以變得圓滑，忌諱的事實能讓顧客舒服地接受，非顧客在聽了你的話後變成顧客，原本有意願要購買的顧客也能更高興地購買。

　　但這不是要你花言巧語去欺騙顧客，而是要以真誠為出發點，拿出同理心站在顧客的立場，不扭曲事實，利用技巧把話適當地加工，用對方能欣然接受的方式輸送出去，達成交易。

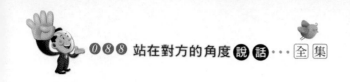
投桃報李，建立良好互動關係

 人是感情的動物，抱持「投之以桃，報之以李」的態度與人溝通交往，收效將超乎想像。

正如人與人的溝通很難永遠順暢，商務談判也不可能每一回都順利地達成協議，因為參與雙方都在密切觀察對方，尋求談話漏洞的蛛絲馬跡，以便取得更多的利益。

由於出發點都在確保自己的利益，談判參與雙方常常會有僵持不下的情形發生，使溝通無法順利繼續。

想要使談判變得順利，建立良好溝通模式是必須的。良好溝通模式可以促使雙方以更快的速度完成協定，並且找出對彼此真正有益的方式，不浪費半點時間在談判桌上。

在談判場合建立良好溝通模式，有以下兩種方法：

● **變敵對為合作關係**

能把溝通建立在雙方合作的基礎上，談判自然會朝著對彼此都有利的方向前進。因此，談判展開之前，最好先要找出彼此的共同利益，然後努力促成雙贏，使氣氛融洽。

● **投之以桃，報之以李**

在談判過程中，運用投桃報李的方法，主動釋出善意，對建立良好的談判關係有很大幫助。

在不過分損失己身權益的情況下，滿足對方感興趣的事情，

將能促使感激心理產生，為雙方的溝通建立好的開始，使關係得以往良性方向發展。

在談判桌上，採取與對手針鋒相對、據理力爭策略同時，關心別人、體諒別人、設身處地站在他人立場著想的心態也不可完全忽略，因為這種溝通方法往往更有利於談判。

人是感情的動物，抱持「投之以桃，報之以李」的態度與人溝通交往，收效將超乎想像。

千萬不要只把談判對手當成敵人，應放下敵意，試著與對方建立良好的互動關係，以求既順利且迅速地達成協議。

更進一步來看，建立良好關係同時，若期望有效戰勝談判對手，可以從以下兩個方向著手：

• 談判展開前，先威懾住對手

相信任何人都知道，好的開始是成功的一半，但也明白另一個道理，就是「萬事起頭難」。

開個好頭，對談判來說尤為重要。

談判開始時，每位談判者都要各就其位、各盡其責，針對談判內容展開討論。雖然這個階段在整個過程中只占很小一部分，卻非常重要，因為它將足以決定整場會談的基本方向。

此時，必須採取審慎態度應對，因為差之毫釐，失之千里。

• 從對方的立場看待問題

談判桌上，參與雙方在每個問題上的立場，基本上都是完全對立，分歧在所難免。而雙方免不了又都會為各自的利益據理力爭，想盡一切辦法說服對手，使得談判向著有利於自身的方向發展。

這種時候，人們往往會犯下一個同樣的錯誤，就是只顧自己，而不能從對方的立場看待問題。

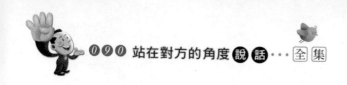

　　雖然舉行談判的目的，就在於爭取對自己有利的東西，但若能稍稍在談判桌上為對方多著想，將能明顯增強自己的說服力，從而掌握談判進行的大方向。

　　溝通過程中，最有效的「說服」，是讓別人按照你的想法去做，但絕對為心甘情願的接受，不包含強求、壓迫等因素在內，這一點，值得所有有志於提升言語溝通能力的人牢記。

合宜的措詞可以
助你佔盡優勢

措詞反映了一個人的素質和能力，

是給人的第一印象，

應當努力提升，

才能在與人溝通、交往的過程中佔得優勢。

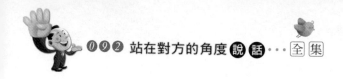

合宜的措詞可以助你佔盡優勢

措詞反映了一個人的素質和能力，是給人的第一印象，應當努力提升，才能在與人溝通、交往的過程中佔得優勢。

想要把話說好，讓自己事半功倍，光知道如何運用聲音、語調、姿態是不夠的，現在，讓我們來研究如何用「字眼」。

說話時，字眼不需太多，簡潔、通俗即可。

有些人在敘述一件事情時，會拚命地說出許多，最終還是沒有把自己的意思表達出來，白費了很大的時間與精神，卻不能讓聽者抓到話中的焦點。

犯這種毛病的人，一定要盡力糾正過來。

改正的方法，就是在話還未說出之前，先在腦子裡考慮，打好一個自己所要表達的輪廓，再付諸言語。透過長時間的訓練，能使你在說話時很快地抓住中心，明白確切，讓聆聽者將內容聽清楚。

答應別人一件事，其實用上一個「好」字就夠了，偏偏有些人喜歡囉囉唆唆說上一大堆，不僅浪費時間，而且可笑。

除非是要特別引起別人注意，或特別要增強力量，否則平常對話時，最好少用疊字或疊句。

此外，如果你是個太講究客氣的人，最好還是改變一下自己的作風，因為過猶不及都不是好事情，在這社會上，凡事都該懂

得適可而止。客氣話說得太多，反而會讓聆聽者渾身不自在。

同樣的，名詞也不可用得太多，特別是艱澀的專有名詞。

試想，若有一個人在解釋物質不滅原理時，於短短幾分鐘內，將其中某個科學用語運用高達二、三十次之多，會收到好效果嗎？

答案自然是否定的，無論多麼新奇有趣的名詞，用太多都會引起厭煩，失去它本身的價值。

有人說，第一個用花來比喻女人的人是聰明的，第二個再用這個比喻的人便是庸才了。誰不愛新鮮？陳述一件事情時，把一個名詞在同一時間內重複使用，算不上高明。

再者，應避免用同一個名詞形容各種不同的事物。

有一位幼稚園老師正在對學生說故事，說到公主，她說，公主是很美麗的，說到城堡，她也說，這城堡是很美麗的。緊接著，說到森林、小羊、野花、遠山等等，無不用美麗這二個字來形容。如果你身為學生，能夠隨這樣單調枯燥的言語遨遊於美好的情境中嗎？恐怕很難吧！

用不同的字句調劑自己的言語，更能增加聽者的興趣。

將這個概念引伸，一個擅於說話的人，應儘量避免「口頭禪」。

當一個語句成為口頭禪，你會很容易被它束縛，無論想說什麼，也不管是否適用，都禁不住脫口而出。

這毛病不僅容易招來他人的取笑，也無助於提高自己的說話能力，甚至還會讓表達力大打折扣，所以，凡是和自己所說的事情本身毫無相關的口頭禪，還是盡力避免為妙。

字為文章的衣冠，言語則為個人學問品格的衣冠。

有許多人相貌堂堂，看上去高貴華麗，可是一開口就滿口粗俗俚言，使人聽了大倒胃口，原有的敬慕之心消失無蹤。

這情形並不少見，可惜的是，當中某些人並非學問品格不好，不過一時大意，犯了這種錯誤，不曉得應力求改正。

俏皮而不高雅的粗言，人們初聽可能覺得新鮮有趣，偶爾學著說說，積久便成習慣，結果到最後無法控制，隨口而出，往往導致反感。

日常生活中，大家都習慣於不拘小節，但若在正式社交場合上，脫口說出不雅、不得體的話，問題可就大了。

身為學生者，尤其應當謹記，學校裡，常有特殊流行的語彙產生，或許在同學間可以肆無忌憚地說，大家還感到很有趣，但來到學校外，離開這個特殊環境，就以不說為佳，以免讓聽者感到難堪，更陷自己於尷尬境地。

可以用幽默有趣的話語來表現你的聰明、靈活、風趣，但不可與低級刻薄的言語混為一談，那只會更突顯你的鄙劣、輕佻和淺薄。

在一個陌生人面前，說錯任何一句話都可能把你的地位降低，讓人家瞧不起，不可不小心謹慎。

當然，也不可因為這樣就「矯枉過正」，滿口深奧的名詞，讓聽者如墜入五里霧中，根本不懂你在說什麼。

措辭的深淺，需視聆聽對象的需求與程度拿捏，適度即可。

措詞反映了一個人的素質和能力，是給人的第一印象，應當努力提升，才能在與人溝通、交往的過程中佔得優勢。

抓不準時機，注定白費力氣

心情好時，「無所不樂」；心情不好時，「無所不愁」。與人說話時，必須把這作為一個重大前提加以考慮。

　　無論一個人說話的內容如何精采，只要時機掌握得不好，就無法達到理想的目的。因為聽者的內心感受或衡量標準，往往隨著時間變化而變化，要對方願意聽你的話，或者接受你的觀點，必須選擇最適當的開口時機。

　　這有如一名參賽的棒球選手，雖有良好的技術、強健的體魄，但若沒能把握住擊球的「決定性瞬間」，無論是早是遲，揮棒都注定落空。

　　所以，時機非常寶貴。

　　但是，何時才是「決定性的瞬間」呢？如何判明並抓準，並沒有一定的規則可循，主要還是取決於談話當時的具體情況，憑藉自身的經驗和感覺下決定。

　　例如，在討論會上，要是先發言，雖可於聽眾心中造成先入為主的印象，但因時間點過早，人們尚未適應而不願意隨之開口，氣氛往往較沉悶。相對的，若是後講，雖可進行歸納整理，或針對別人的漏洞，發表更為完善的意見，但因時間點太晚，聽眾都已經感到疲倦，期望儘快結束休息，未必願意再談下去。

　　據此，專家在研究後指出，當要於研討會之類的場合發言，

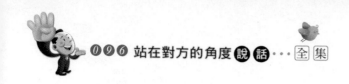

最好是在兩三個人談完之後及時切入話題，效果最佳。此時，氣氛已經活躍起來，不失時機地提出你的想法，最容易引起關注。

此外，為表尊重，考慮對方何時有較大興趣，這是必須的。

人們白天忙了一整天，下班後，難免帶著一天的勞累回到家中。如果這時家人不體貼，一開口又是訴苦、又是告狀，再有耐性的人也難免感到厭煩。

因此，為人妻子兒女，若是有話要對丈夫、父親說，不妨先把「苦」擱在一邊，等對方放鬆下來後，再慢慢把感到困擾不滿的事情說出來，以求得到對方的理解和支援。

許多為人妻、為人母者，都會對孩子說一句話：「有什麼事，等你父親吃過飯以後再說。」不得不承認，這真是一句金玉良言，因為多數情況下，人在飯後的心情最穩定。

儘管場合、時機都與人的心境變化有關，難以一概而論，但是，把心境單獨提出來，作為一個獨立因素探討，仍是必要的。

俗話說：「出門看天色，進門看臉色。」看了臉色，才決定說什麼話。這裡所謂「臉色」，是心境顯現於臉部的表情。

心情好時，「無所不樂」；心情不好時，「無所不愁」。與人說話時，必須把這作為一個重大前提加以考慮。

選擇適當的時機，說出的話才能收到最大效益。

讓好的開始帶來成功的一半

 談話的開頭先搬出一件令人震驚的事實，能夠在最短時間吸引聆聽者的注意力，引發追根究柢的「懸念」。

　　一個優秀的談話者，會設法在開口同時就抓住聽眾的心，牢牢吸引住他們的注意力，以求收取最大效益。

　　因此，有志於提升口才者，應用同樣的標準來要求自己——與人談話時，要在一開頭就展現出磁鐵般的吸引力，抓牢聽眾。

　　下面提供一些方法，不妨試試：

　　●從故事開始說話

　　一般來說，最普遍使用的材料，有幽默笑話和較一般的故事。

　　幽默的故事不可妄加使用，除非講話的人確實有幽默的秉賦，否則效果不會太理想，還可能流於尖酸。

　　而後一類故事，有具體生動的情節，多能達到吸引聽眾的目的。

　　●從展示物品開始說話

　　展示物品可以是一幅畫、一張照片或一件其他實物，只要有助於闡述思想就行。甚至直接在一張紙上寫幾個字，也能引起話題。

　　●用提問方法開始說話

　　藉提問展開話題，聽者就會按提出的問題進行思考，從而產

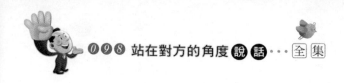

生想要知道正確答案的慾望。

● 用名人的話開始說話

縱橫政界、商界、社交界的名人，在一般人的心目中是崇拜的對象，他們的話多有一種強烈吸引力。

● 用令人震驚的事實開始說話

談話的一開頭先搬出一件令人震驚的事實，能夠在最短時間吸引聆聽者的注意力，進而引發追根究柢的「懸念」。

● 用讚頌的話開始講話

人總是喜歡聽好話，因此，講話者在話題開始時，可以適度地讚頌對方，這樣一來，氣氛會很快地活躍起來。

● 用涉及聽者利益的話開始講話

把自己的講話內容，與聽者的切身利益聯繫起來，營造出「生命共同體」、「休戚相關」的氣氛，必能引起聽者的關注和重視。

● 從有共同語言的地方開始講話

尋找共同語言是拉近距離的好方法，可以涉及以往的相同經歷和遭遇，也可涉及雙方目前的密切合作，還可以展望友誼的發展前景等。

有經驗的說話者，都在長期的實踐中體會到一個事實：在最初十分鐘內，吸引聽眾是容易的，但是要保持這個狀況就困難了。因此，掌握好的開場技巧只是一項基礎，期望讓口才更上一層樓，還需繼續努力。

巧妙的問話讓聆聽者樂於接話

 提問，正像打羽毛球的發球，你以對方的特長發問，就像特意發了個容易接的球，對方當然樂於接球。

讓我們先來聽聽下面這則笑話：

有一天，一位修士在做禮拜時，忽然熬不住煙癮，便詢問主教：「祈禱時可以抽煙嗎？」結果，遭到了主教的斥責。

不久後，又有一位修士也犯了煙癮，靈機一動，換了一個方式問道：「我可以在吸煙時祈禱嗎？」

主教一聽，不但沒有動怒，還讚許他的信仰虔誠，答應了這個請求。

由此可見，說話需要技巧，說得越巧，越能居優勢。

在會議上，我們經常可以聽到主持者這樣發問：「各位對此有何高見？」從表面上看，這種問話很有禮貌，但效果不好。誰敢肯定自己的見解高人一著呢？就算是高見，又怎麼好意思先開口？

與其如此不妨換個較親切的問話方式：「各位有什麼想法呢？」

提問不唐突，也是不可忽視的。假如在大庭廣眾之下問對方：「你有什麼理由可說？」「你遲到一小時，究竟在幹什麼？」如此唐突的問法，令人難以下台，必定會招致不快。

希望問話問得巧，首先要選擇恰當的提問形式。

恰當的提問形式，有以下多種：

• 限制型提問

這是一種目的性很強的提問技巧，能幫助提問者獲得較為理想的回答，降低被拒絕的機率。

例如，某家早餐店在一開始時總會詢問客人：「要不要加個蛋？」

一段時間以後，侍者找出了更「技巧」的問法，不再問「要不要加蛋」，而改問：「您要加一個蛋，還是兩個蛋？」

這樣一來，縮小了顧客的選擇範圍，有助於提高消費額。

• 選擇型提問

這一種提問方式，多用於較熟識的朋友之間，同時也表明了提問者並不在乎對方的抉擇為何。例如，你的朋友來家裡作客，你留他吃飯，但不知他的口味，於是問道：「今天咱們吃什麼？紅燒肉，還是咖哩？」

• 婉轉型提問

婉轉提問的意圖，在避免因對方拒絕而出現尷尬局面。

例如，一位男孩對一名女孩很有興趣，但他並不知道女方是否同樣對他有意思，又不便開門見山地詢問，於是試探地開口：「我可以陪妳走走嗎？」

如此，即便女方沒有意願，她的拒絕也不會使彼此難堪。

• 協商型提問

想要別人按照你的意圖去做事，最好以商量的口吻提出。

如你身為經理，要秘書起草一份文件，將意圖講清之後，不妨問一問：「妳看這樣是否妥當？」

秘書感到受尊重，工作情緒便會大幅提高。

提問要講究方式，以提高水準，話題的選擇是一大關鍵。一位心理學家曾說：「要使對方感到開心，莫過於挑他最擅長的來說。」

　　比如，你知道對方的羽毛球打得很好，就可先問：「聽說您對打羽毛球相當拿手，是嗎？」

　　提問，正像打羽毛球的發球，你以對方的特長發問，就像特意發了個容易接的球，對方當然樂於接球。

　　當然，各種發問方式都有優點和侷限性。在對談過程中，應本著交際目的的需求出發，靈活且恰當地選擇最好的發問方式。

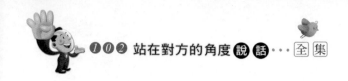

協助疏導感情，但不下價值判斷

 你可以在非語言傳遞資訊中表明立場，但在語言傳遞過程中最好避免，這是一條重要界線。

在傾聽過程中，該如何開口插話，才能做到既不得罪任何人，又有助於達到最佳效果呢？

理所當然，根據不同對象，必須採取不同方法。

當對方與你談論某事，但因擔心你可能對此不感興趣，顯露出猶豫、為難的神情時，你可以伺機說一兩句安慰的話。

「你能談談那件事嗎？我不太了解。」

「請繼續說，我對此十分有興趣。」

此時，你說出的話是為了表明一個意圖：我很願意傾聽，不論你說得怎樣，說的是什麼。如此將能有效消除對方的猶豫，堅定傾訴的信心。

當對方由於心煩、憤怒等原因，不能有效地控制自己的感情時，你也可以用一兩句話來疏導。

「你一定感到很氣憤。」

「你似乎有些心煩。」

「你心裡很難受嗎？」

說完這些話後，對方可能會發洩一番，或哭或罵都不足為奇。因為，你開口的目的，就在於把對方心中鬱結的異常情感「誘導」

出來。而發洩一番後，對方將感到輕鬆、解脫，得以繼續地完成對問題的敘述。

值得注意的是，說這些話時，不要陷入盲目安慰裡。

不應對他人的話做出判斷、評價，說一些諸如「你是對的」、「你不應該這樣」的話，因為你的責任只在順應情緒，為他架設一條「輸導管」，而不應該「火上澆油」，強化這股抑鬱或憤怒。

當對方在描述過程中，急切地想讓你理解他的談話內容時，你可以用一兩句話來「綜述」話中的涵義。

「你是說……」

「你的意見是……」

「你想說的，是這個意思吧？」

這樣的綜述，既能及時驗證你對談話內容的理解程度，加深印象，又能讓對方感到誠意，並能幫助你隨時糾正理解的偏差。

以上三種傾聽中的談話方法，都有一個共同的特點，即不對談話內容本身發表判斷、評論，更不對對方的情感做出贊同或否定的表示，處於一種中性、持平的安全態度上。

有時，你可以在非語言傳遞資訊中表明立場，但在語言傳遞過程中最好避免，這是一條重要界線。你若試圖超越這個界限，就有陷入誤解、爭執的危險，從而使一場談話失去方向和意義。

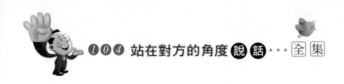

好的結束，提高自己的印象分數

 如果說好的開始是成功的一半，那要滿足另一半，絕對少不了好的收場，因此，別輕忽了「收尾」的工夫。

　　講話的過程中，一旦達到了溝通交流的最主要目的，那麼，就該設法及時結束談話。當然，對談的目標本身，直接影響我們與對方講話的時間或方式。

　　如果你只想陳述某一件事，且不需要對方做出任何反應或採取行動，你講清了事情的原委後，就可以結束談話了。

　　如果你期望說服對方改變某種看法或行為，期望對方承認你的勸說「明智」，談話就會進行得長一些，直到對方承認問題為止。

　　有時，對方需要時間來思考，無法馬上給出結論，你在結束談話前，就有需要根據情況做出合宜的結語。結束講話時，總結一下對方和你本人的看法，強調一下彼此共同的觀點和看法，是很有必要的。但在這麼做時，一定要注意保持自身論述的客觀，不帶偏見，以雙方都能接受的方式進行總結。

　　換言之，最好以盡可能有利的方式描述對方的看法。

　　「感謝你和我討論這個問題。」

　　「花費了你不少時間，真是不好意思。」

　　「總的來說，你的那個想法有許多合理之處，很不錯。」

「你的話對我有不少啓發，感謝你。」

最後，結束談話時，你還可以向對方提出一些積極的希望。

某些情況下，對方需要一點時間思考你的話，需要過一段時間再與你繼續談論這件事，此時，你則需要講一些「活話」，使有關這個問題的談話能夠在日後再次展開，持續進行。

「如果你願意，我們可以再約個時間，進一步討論這個問題。」

「無論如何，有任何想法，請務必告訴我。」

談話的結束，不是只道一聲「再見」就解決，臨別前，要給人留下良好的印象，要得體而不失禮，有時更得爲下一次交談留下伏筆。

如果遇到爭論不休、意見無法一致的棘手情況，可以轉移話題，把有分歧的題目暫放一放，談點別的，等氣氛緩和了，再把談話告一段落。或是稍微折衷，設法求同存異。

「雖然我不同意你的意見，但你的考慮和出發點也有一定的道理，我想我們還是可以對此繼續討論。」

「對，我們都需要再琢磨一下。」

用友好的笑聲、笑容作輔助結束談話，加上意味深長的道別語，能夠讓好印象長時間留在別人的記憶裡。

面對情況各異的談話，不動一番腦筋，不用一著妙招，必定不利於人際交往的完善和健全發展。如果說好的開始是成功的一半，那要滿足另一半，絕對少不了好的收場，因此，別輕忽了「收尾」的工夫。

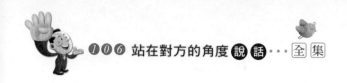
小小玩笑，學問不得了

幽默是人生的調味，沒有幽默，人際關係必定
難以順暢建立。但是，幽默要用在正確的地
方，否則可能收到反效果。

　　人際交往中，開個得體的玩笑，可以鬆弛神經，活絡氣氛，
創造出適於交際的輕鬆愉快氛圍，因此，詼諧的人多能受到歡迎
與喜愛。

　　但是，開玩笑並非簡單的事情，若是玩笑開得不好，則可能
適得其反，傷害感情，讓場面難堪。

　　開玩笑時，要掌握好以下分寸：

● 內容要高雅

　　笑料的內容，取決於開玩笑者的思想情趣與文化修養。

　　內容健康、格調高雅的笑料，不僅給對方啟迪和精神享受，
也是對自己美好形象的有力塑造。

　　某次，鋼琴家波奇在一次演奏會上，發現全場有一半的座位
空著，於是對聽眾說：「朋友們，我發現這個城市的居民都很有
錢，因為你們每個人都買了兩到三個座位的票。」

　　聽眾一聽，無不放聲大笑。波奇巧用無傷大雅的玩笑話扭轉
了尷尬氣氛，使自己反敗為勝。

● 態度要友善

　　與人為善，是開玩笑的一大原則。

玩笑的過程，象徵了感情的互相交流傳遞，千萬不要藉著開玩笑對別人冷嘲熱諷，發洩內心厭惡、不滿的感情，因為到頭來吃虧的還是自己。

也許有些人不如你口齒伶俐，表面上讓你佔得上風，但會在心裡認定你不懂尊重人，不願再與你交往。

● **對象要區別**

同樣一個玩笑，能對甲開，不一定能對乙開。人的身份、心情不同，對玩笑的承受能力自然有差異。

一般來說，後輩不宜和前輩開玩笑，下級不宜和上級開玩笑，男性不宜和女性開玩笑。

與同輩之間開玩笑，則要掌握對方的性格特徵與情緒，免得得罪人。

若對方性格外向，能寬容忍耐，即便玩笑稍微過火也多能得到諒解。相對的，若對方性格內向，喜歡琢磨言外之意，開玩笑時就應慎重。

此外，儘管對方平時生性開朗，但如恰好碰上不愉快或傷心事，就不能隨便與之開玩笑。

相反，對方性格內向，但正好喜事臨門，抓準時機與他開個小玩笑，效果會出乎意料地好。

● **場合要分清**

美國總統雷根曾經因為誤開玩笑，為自己招致不必要的麻煩。

一次，在國會開會前，為了試試麥克風效果，他不假思索，張口便說：「先生、小姐們請注意，五分鐘之後，美國將對蘇聯進行轟炸。」

一語既出，眾人譁然。

之所以引起負面回應，正是因為雷根在錯誤的場合、時間裡，

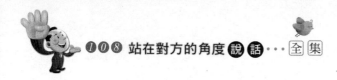

開了一個極爲荒唐的玩笑。

總體來說，在莊重嚴肅的場合，不宜開玩笑。

不可諱言，幽默是人生的調味，沒有幽默，人際關係必定難以順暢建立。但是，幽默一定要用在正確的地方，否則，很可能收到反效果。

PART 5

摸透人心再開口

說服之前，必須了解對方。

付出的心力越大，設想越周密，

話就能說得越好，

成功的機率自然更高。

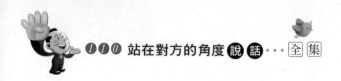
摸透人心再開口

說服之前，必須了解對方。付出的心力越大，設想越周密，話就能說得越好，成功的機率自然更高。

與人交流溝通過程中，免不了會碰上意見分歧的時候，這就是對雙方說服能力高低的最大考驗。

說服之前，需要先花費相當的精力去熟悉和了解對方，盡可能將相關資訊收集完備，精心選擇適合的說服場所，仔細尋找最合宜的時機，擬定最可能被接受的說服方法。準備階段的工作成效，會直接關係到說服的效果。

在準備階段，主要應做好以下幾項工作：

• **掌握資訊**

要說服一個人，首先需要弄清楚他究竟在想些什麼，他苦惱的原因是什麼，他的認知層次水準大概在什麼樣的程度。

只有先掌握說服對象的想法，才能觸及他們的內心，達到目的。

說服者應妥善運用平時觀察分析累積的經驗，透過調查、走訪、察言觀色，掌握第一手材料，一舉解決問題。只要思想資訊的傳遞管道保持暢通，必定能夠理解對方的想法，進一步走進神秘的心靈殿堂。

但在深入細緻的了解過程中，不能排除獲得的材料屬於道聽

塗說的可能，所以不可完全被獲得的資訊所左右，而要輔以多方面驗證分析，從眾說紛紜中，做出最符合實際的歸納判斷。

● 摸清情況

希望自己說出的話達到效果，必須了解聽話者，摸清他的思想素質、文化素養、性格氣質、社會關係和生平經歷。

一個人的思想情緒不是憑空產生的，除了一定的客觀原因推波助瀾，還與本人的素質、經歷乃至所處的環境有直接關係。

為什麼同樣一件事，在某個人身上不產生任何反應，換到另一個人身上，卻成了天大的問題呢？一言以蔽之，完全是由人與人之間的差異性所造成。

明白了這個道理，就能理解「全面掌握說服對象」的重要。

1. 思想素質方面，主要應摸清對方屬於哪個層次。

2. 文化素養方面，主要應知道對方的教育程度。

3. 性格氣質方面，應了解平時的脾氣和性格屬於何種類型。

4. 社會關係方面，應了解相關的家庭人員構成情況。

5. 生平經歷方面，應弄清楚影響重大的事件。

6. 經濟方面，應儘量設法獲取與個人收入、家庭經濟來源、生活水準相關的

確實資訊。

● 抓住焦點

把握住與說服對象之間的意見分歧點，才能達到「有的放矢」，讓雙方的思想相碰撞並迸出火花。準確抓住焦點，你的思想觀點才能融入對方的思想觀點，從而如願進行深化或者改造。

● 設想對策

說服，不可能完全按照自己預先設計的思路，一帆風順地向前發展，多會由於種種原因導致梗阻出現。所以，說服之前既要

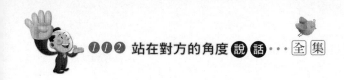

充滿信心，又不可盲目樂觀。

為了順利地達到說服目的，必須在行動展開之前，自我設計幾種假設的障礙及破除對策，演練至熟悉為止。

● **確定方法**

上述情況的了解，是確定整個說服工作採用何種方案的依據。

確定說服方法，既要考慮到對方的心理特點和承受能力，又要考慮自己對不同說服方法的駕馭能力，找出最適宜者。

大體上，確定以某種方法為主的同時，還要多準備幾種方案，萬一情況突變，就立即調整。行動之前，需要花費相當大的精力去熟悉和了解對方，這是不可免的。付出的心力越大，設想越周密，話就能說得越好，成功的機率自然更高。

不但口服，更讓人心服

 說服別人，光是自認為理由充足還不行，更要
掌握對方的心理特點與需求，達到心服口服，
一切任由你做主。

有些人認為，說服只是一種單向行為，你覺得呢？

在美國，曾盛行過一種形容人際關係的「槍靶理論」，認為
說服者等同於舉槍打靶者，被說服的對象理所當然就是槍靶，只
要做到槍舉靶落，「砰」的一聲，讓目標應聲倒下即可。

但事實證明，這種理論是荒唐的，它不夠周全，因為純粹的、
單方面的說服並不能使人口服心也服，不算是一種好的說話技巧。

究竟該如何著手，才能使人心甘情願地接受你的意見？

探究問題的答案，可得出下列幾項必須注意的要點：

• 不要威脅對方

說服者往往認為自己是好心，是從對方的利益出發，並沒有
威脅的意思，但真正付諸言語就不是那回事了。

媽媽對孩子說：「你不多穿件衣服，等下就凍死在外面。」

孩子一聽，馬上回嘴：「凍死就凍死，不要妳管。」

媽媽的勸告是出於好心，得到的卻是逆反結果，正是因為話
中透露出的威脅意味讓孩子無法接受。

「如果你再不申請參加球隊，我們就不要你了。」

試想，面對這種話，正在考慮加入的人會如何回應？想必會

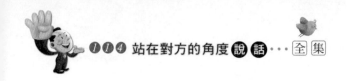

大感不快地回絕道：「那正好，我根本就不想參加。」

• **讓你的觀點中有他的一份**

說服過程中，營造出「身處同一陣線」的氣氛，成功率較高。

例如：「你曾說過抽煙不好，也勸過我不要抽煙，不是嗎？既然如此，為什麼現在卻要抽煙呢？」

使對方產生錯覺，彷彿不是別人在說服自己，而是自己在說服自己。如此一來，被說服者所擔心的「投降」壓力解除，任何話自然都好說。

如果想說服一位失戀的朋友不要自卑，千萬不要找一個總能順利縱橫情場的人出馬，因為這種接近本身就反襯了對方的痛苦，導致「飽漢不知餓漢饑」的抗拒心理產生，必定收到反效果。

改找一位剛從失戀煎熬中站起來的朋友與他談，就容易達到目的，使他接受勸告，因為彼此處境相同。

• **尊重人格**

進行說服，可多用討論、提問方式，切記不要涉及過度尖銳的評論，更不可揭人隱私。話要講得彈性些，給自己修正的空間，不要講死。

簡單說，就是做到「對事不對人」。

語言中應避免出現「你應該」、「你必須」之類的詞語，多用商量的口氣，如「我們討論一下有幾種解決方法」、「能不能有更好的辦法呢」等等。

這種說話方法的巧妙處，在能使對方於不知不覺中更客觀地看待自身，避免情緒障礙。

• **讓對方把處境的困難講出來**

急於求成、急功近利是說服者的常見心態，而被說服者的心境和處境，則相對地常被忽略。能否體諒被說服者的心境，就是

成敗關鍵。

　　冒失的說服者總是一開頭就強調對方的錯誤，嫻熟說話藝術者則不然，必定會先讓對方將心中的矛盾、苦惱講出來。

　　研究資料表明，凡是願意將困難或不滿講出來的人，他的心扉實際上已經敞開，準備接受幫助，相對的，沉默不言則是拒絕一切的表現。

● 避免讓對方反感

　　說服的方法不對，非但不能解開僵局，更會使聆聽者產生敵意。

　　這種情況的發生，多導因於談話間表露出不滿或厭惡情緒，也可能是說服者操之過急、逼人太甚。所以，不希望糾紛越演越烈，首先要避免以上兩種容易激起敵意的態度。

　　另外，當對方的情緒過分激動時，對是非的判斷力、意志的驅動力都會變得「模糊」，處於抑制狀態。這種情況下，任何「強攻」都難奏效，不如暫停說服工作，讓彼此冷靜一下，釐清思緒，換個時間與地點再開始。

　　心理學研究發現，某一件事在頭腦中形成強烈的刺激反應，一時無法抑制，但睡了一覺後，情緒便會淡化，這就是「睡眠效應」。這也證明了一個道理：適度停頓，對扭轉認識、穩定情緒有很大幫助。

　　說服別人，目的是使人跟自己走，光是自認為理由充足還不夠，更要掌握對方的心理特點與需求，達到心服口服，一切任由你做主。

　　古希臘哲學家蘇格拉底認為，他從來沒有要教訓別人什麼，只像一個靈魂的催生婆，幫助人們產生自己的思想觀點。說服者必須掌握「催生」的藝術，也唯有達到如此境界，才稱得上是真正的說話高手。

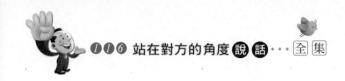

提高說服力，從「七大竅門」開始

任何人都希望能輕鬆地說服他人，但千萬不可誤解說服的本意。它與饒舌之間的差別，絕不僅止於十萬八千里。

　　留意週遭，必定會發現一種現象：有的人不費口舌就自然具備說服力，而有的人即使滔滔不絕，也找不到願意洗耳恭聽的聽眾。因此，應該建立一個正確觀念：說服力高低並不取決於能否能言善道，而決定於能否適時說出適當的言辭。

　　當然，有人天生就具有說服力，但是一般來說，說服力是靠後天的經驗和努力培養出來的，且能夠藉認真的進修、訓練，得到有效提高。

　　以下，提供提高說服力的「七大竅門」：

● 掌握要點和難點

　　大部分人都希望能有力地說服他人，在短時間收到效益，但能真正掌握「要點」的人卻非常少。

　　與其一味威脅或否定，倒不如明白地告訴對方「如果不這麼做，公司就會有危險」、「這樣會給大家添麻煩」、「如此才可以拓展前途」、「必須拉攏他加入我方的陣營」，如此才算符合說服的初步需要。

　　切記，想不費吹灰之力就說服對方是不可能的，必須徹底檢討自己的意見，表明最低限度的要求。

若抓不住意見的重點，不但無法說服對方，反會招致反擊，最終不得不知難而退，無功而返。

　　要是無法將該說的話明確地表達，一開始就心生膽怯，擔憂著「我真的能順利說服對方嗎」或「萬一遭到拒絕該怎麼辦」，甚至認為「對方說的也有道理」，就已失去了獲勝的契機。

　　說服的基礎不夠穩固，必定想不出「有效說服對方」的手段和方法。在談話展開前先檢查談論的內容是否必要，釐清自己的思緒，然後再開始進行說服，才可能事半功倍。

● 掌握對方心理

　　不考慮對方，只單方面談論自己的事，不但無法打動人，反會顯得疏遠。因為從感情與理性兩方面來說，強迫性做法會使人在感情上產生不悅，脫離要點則會導致理性上無法理解。

　　想要讓自己更會說話，首先需要訓練的是「靜聽」。任何人都希望站在說服者的立場，不喜歡被人說服，更有甚者認為被說服是一種恥辱。若不能使對方保持平靜，消除壓迫感，說服不可能成功。因此，與其自己一股腦地發言，倒不如聽聽對方的想法，從談話內容中謀求進一步了解。

　　給予對方發表意見的機會，可以緩和緊張氣氛，進一步使他對你產生親切感，更重要的是，能從談話中抓到說服工作的著力點。那麼，要如何才能讓對方發表意見？

　　成功的案例告訴我們，不妨先誘導談論感興趣及關心的話題，這對掌握心理有相當大的幫助。抓住被說服者喜歡的話題，或者最切身的問題，由此找出關心的目標，深入探究，他自然會道出自己的看法，吐露出重要內容。

● 周密的論證

　　不能夠具體表明的要點，不具備說服力。同理，不得要領的

要求，也無法得到期望的效果。對他人有所期望，希望達到目的時，必須藉周密論證確保正確了解。

有些時候，雖然下命令的人知道自己的意思，執行命令者卻不了解，可想而知，結果必定不會太理想。

在工作方面，說服他人之時，要具體地提示計劃、說明理由、內容、完成日期及要求的成果，不如此提出，就很難說動對方去辦，再怎麼激勵，他也不知從何下手。

人之所以會有積極意願，是因為得到充分發揮自身能力的機會。唯有將才智與能力發揮到極致，才能體會到工作的意義。

● 發揮他人才智

使對方發揮才智，首先須告知他想知道的事。若欠缺確切的指示，必定會因為處在不明事理的情況下，導致不滿，破壞和諧。

主動告訴對方「你的立場是……，你的行動是……，最後的目標是……」明確給予提示，並要求「我想借助你的智慧，請務必盡力」，說服到此地步，多能有效鞏固意願。

越了解情況，越有助於融入，做起事來更容易。例如，明示對方「這件事的結果是」、「你下次應該這麼做」等等，把自己想獲得的結果具體明確地告知，同時應在明示的過程中，應做到廣納建言，提高整體的參與意識。

如此，才能稱之為周密的說服。

● 引導對方

說服，就是懇切地引導他人，按自己的意圖辦事。

如果不以懇切的態度進行說服，只想藉暫時的策略瞞騙，或許一時能收到效果，但絕對無法使說服者與被說服者間得到長久的和諧。

當說服者暗自高興「成功了」時，被說服者卻感到「上當

了」，絕對是最拙劣的說服方法。

• 讓步

懇切地引導對方，使得到了解與滿足，這時，雙方的滿足度約各為五十％，若是期望被說服者再做些許讓步，必須相應地讓他得到更多滿足感，否則非但無法達到心服口服的境地，甚至根本無法談攏。

說服，必須得到令雙方都滿意的結果，否則不算成功。換句話說，說服者必須讓對方認為「哼！這次是因為我讓步，他才能成功地說服我」，如此的滿足感，就是懇切引導的最好效果。

為此，說服者在達到目的後，應主動、積極向被說服者表示「真謝謝你」、「沒有你的幫助我就完了」、「你如此幫我忙，我會銘記在心」等，以實際行動滿足對方的虛榮心。

• 建立信任關係

有的人在說服時，會特別用親密的態度或語言接近對方，但因為太過刻意、虛假，不僅無法達成目的，還引起戒心，甚至受輕視，排斥，得不償失。

要知道，信任非常重要，只想以自己的方便操縱對方，遲早會受到孤立。有意與人交流，建立並維持信任是必不可少的條件。

信任的關係，寓於日常生活中。得到他人認同，且自認不辜負他人，將有助於建立信任，達到圓滿的說服。

任何人都希望能輕鬆地說服目標對象，尤其是擔任領導職務者，但千萬不可誤解說服的本意。要知道，它與饒舌之間的差別，絕不僅止於十萬八千里。

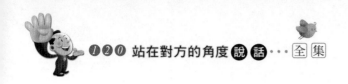
做一個能和上司談判的好員工

談判當然不僅靠專業知能，更要靠其他各方面
的素養展現，要求的是一個人的綜合素質。

在進入此章節以前，請先設想以下情況：

某名員工在心裡憋了一肚子不滿，某天，終於在衝動下鼓起
勇氣，闖入老闆的辦公室，氣勢洶洶，怒不可遏，脫口說出一句：
「老闆！我要和你談判！」

接下來，會發生什麼事？

你可能以為接續的情況是這樣：老闆一開始顯得驚魂未定，
有些不知所措，定了定神之後，才以討好的口吻請那名員工坐下
來好好談，陪著笑臉，一面拍著他的肩，一面勸道：「別生氣嘛！
有話慢慢說……」

最後，老闆欣然採納了員工的意見，承認自己的錯誤。

仔細想想，這真的可能嗎？這絕對是一廂情願的想法，成真
的可能性極低。畢竟，老闆如果有那麼容易被說服，員工也就不
會有如此大的怨氣，更不會氣得跑去當面談判了，不是嗎？

身為員工者，一定要建立一個正確觀念：在衝動狀態下和老
闆談判，輸家往往是自己。如果老闆本身是位談判高手，未等展
開攻勢，早以三寸不爛之舌取得勝機，逼得員工灰頭土臉、鎩羽
而歸。

　　與老闆談判的原則是什麼呢？很簡單，就是不求必勝但不能慘輸，至少也要達到和局。在這一原則指導下，為員工者必須熟悉「談判五大基本要素」，才能踏出成功的第一步。

● 完美的策略是致勝的後盾

　　談判絕對不能在衝動下進行，否則必定失敗。

　　要深思熟慮，在冷靜中擬定策略，當作自己的武器。談判的問題越重要，花在擬定策略上的時間也應越長。

　　沒有策略，或是策略輪廓模糊，將免不了在談判過程中迷失方向。

　　失去方向以後，言語會變得蒼白無力，縱使雄辯滔滔，空洞的內容也難擋老闆的銳利辭鋒，落居下風。

● 預留迴旋餘地

　　和老闆談判之前，必須摸清對方的底細、揣測各種可能的回應情形，並據此制定應對策略。

　　此外，也要讓自己做好心理準備，實際和老闆談判時，很可能會發現所有的預定策略派不上用場，因為老闆的見識閱歷與員工不同，思路往往不能被完全掌握，意料之外狀況的發生，理所當然。所以，必須預留迴旋空間，才不至於在被逼到角落時驚慌失措，給老闆可乘之機。

　　如果發覺自身處境尷尬，說服老闆讓步已經不可能，不妨這麼說：「透過剛才這一番談話，我想通了，怪我年輕識短，想得不夠周全，若有冒犯到您的地方，還請原諒。」

　　這樣說話，老闆想必不會過度責怪，說不定還覺得你敢於犯顏直諫，又知錯能改，是相當不錯的人才。

　　留有迴旋餘地，最主要在不可於談判過程中把話說絕、說死、說滿，斷了自己回頭的路。

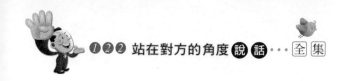

例如，最好不要說：「如果你不能滿足我的要求，我就辭職」、「我是不會讓步的」，因為這無疑於自掘墳墓。如果老闆本就對你不滿，正好藉此機會給你「顏色」，逼你走路，到頭來倒楣的還是自己。

• 收集準確而豐富的情報

和老闆談判，內容通常不僅止於個人私事，極有可能和單位的其他同事，或是同公司的其他部門相關。因此，只要碰得上邊的，你都必須要求自己徹底了解，收集完善的情報，從公司政策、同事態度、工作成敗到對手的觀念等，全都不容輕忽。其中，與談判主題直接相關的，更是越詳細周全越好。

情報當然會隨著局勢變化，但只要你能下功夫確切掌握，並運用說話技巧妥善表達，必能表現出自身的不凡能力，給老闆留下良好的印象。

老闆很有可能會認為你是一個有責任心的下屬，因為如果不是這樣，你就不可能對公司的情況這麼熟悉。一個有責任心的人，當然值得重視。

• 流利的表達能力

和老闆談判，首先要讓老闆理解你的看法，進而加以深入說明。所以，如何配合對方的思維，把自身看法準確傳達出去，求得充分理解，是決勝的關鍵。

口若懸河並非與老闆談判的必備條件，因為你越是滔滔不絕地講個不停，就容易露出破綻，讓老闆抓住可乘之機。

你真正需要做的，不是不加思索地將自己的想法說出去，而是要求表達清晰，保證思路的前後一貫，增強語言的說服力。

• 藉談判機會展現自身素養

和老闆談判，並不等於和老闆吵架。你的風度、談判內容的

深度，以及個人修養，都影響著談判的成敗。

　　若表現得體，縱使談判失敗，仍可望在老闆心中留下良好印象。

　　談判的內容越深，你的專業素養就要越高，光憑一些常識性的東西就想讓老闆「屈服」，無異於妄想。

　　談判當然不僅靠專業知能，更要靠其他各方面的素養展現，要求的是一個人的綜合素質。在談判中，你不僅要展現出對專業知識的熟練掌握，還要表現出彬彬有禮、有理有節、公正客觀以及大度寬容。

　　有力、有節，才可以取得最後的勝利。

　　以上這一切都要在言辭中表現出來，能夠確實做到，即使沒有全勝的把握，也不會相去太遠。

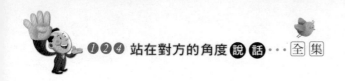

聰明化解反對意見

我們很難完全避免反對意見的產生，因此學習正確面對、化解，才是於談判桌上克敵制勝的最積極做法。

在談判過程中遭遇反對意見，可說是司空見慣的事情。

確實，不論是多高明的談判者，都不可能一句不問就答應對方的種種要求，讓對方心服口服。反對意見的出現，恰恰說明這是對方對問題感興趣或關心的一種表現，如果能適時給予滿意的答覆，就可望使雙方的關係由對立轉趨合作。

處理反對意見，可採用以下方法：

• 反問法

簡單來說，就是對對方的反對意見提出質問。

一句簡單的「為什麼」便足以使雙方的攻守位置顛倒，反攻為守、反守為攻，促使提出不滿的對手說明理由或原因，展現背後的真正動機。

可以說，「為什麼」是處理反對意見的最基本工具。

• 引例法

借用已有、曾出現的事例，並加以活用，例如說：「許多人一開始都有跟你相同的想法（指反對意見），但在接受我方的建議後，都感覺情況有明顯的改善，所以請稍安勿躁。」

使用此法要注意，關鍵在於例證恰當且真實可信，不僅從心

理上打動對方，並給予驗證的條件和機會。只要使用得當，這個方法將能有效克服由主觀因素差異導致的種種偏見或成見，避免發生衝突。

● 移花接木法

也稱為「躲閃法」，首先在肯定對方的反對意見，甚至表示讚賞，然後再陳述自己的主張和見解，例如：「我完全贊同您的意見，但如果能加上這一條……，那就更理想了。」

這可以避免對方產生牴觸情緒，更容易敞開心胸接受他人的看法。

● 充耳不聞法

又稱作忽視法、置之不理法。

談判進行中，對方可能出於心情或情緒不佳、不夠清楚等原因，提出一些與實質談判活動完全無關的意見，雖然不中聽，卻不等同於真正的反對。對此無須太過介意，大可完全不予理會、不加反駁。

● 正面回擊法

正面回擊，就是從正面直接否定對方的意見。

一般來說，這個方法少用為宜，因為難以讓對方接受，容易導致對立情緒產生。但若存心殺一殺對方的氣焰，就是最好的方法。

處理反對意見不是一件簡單的事情，你應該力求表現得坦然、沉著、冷靜、謹慎，千萬不要給人恐慌、不耐煩、憤怒、漫不經心的感覺，以免收到反效果。

從經驗歸納，可以得知必須滿足以下幾點：

1. 避免爭論

除非別無選擇或另有目的，否則不要直接了當地駁斥對方，

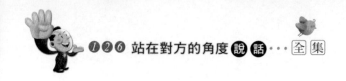

進行爭論，因為這很有可能使自己丟掉到手的生意，得不償失。

2. 辨析原因

分析對手提出反對意見的意圖，力求找出背後的真正動機。

3. 歡迎反對意見

樹立一個觀念——談判的目的之一，就在答覆對方提出的反對意見。所以針對對手提出的疑義，應該表示歡迎、體諒。

4. 認真嚴肅地傾聽

不管對方提出的反對意見是否正確，都要認真地傾聽，全部了解之後再做回應，這種態度本身就是一種應有的尊重。

5. 細心觀察，以防為主

對手提出反對意見是不可避免的，但也是可以預防的。最好能事先設法預知反對意見可能產生的時機與方式，做好充分準備，不給對方可乘之機。

6. 冷靜回答

回答問題時，如果表現出憤怒、輕蔑、不可理解等態度，則不僅不能解決問題，還會更進一步加劇衝突。

因此，回答時要做到泰然自若、處變不驚、輕鬆愉快。力求說話有條有理、有評有據，並且避免囉嗦。

7. 適度接受

有些反對意見只涉及次要問題，對主要討論事項沒有多少影響，這時不妨表現充分的理解，盡可能地同意對方的意見。

如此，既不造成實質損失，又使對手感到滿意，何樂而不為？

反對意見的產生是一種正常現象，只代表對某種論點或事物的質疑，不等同完全否定。我們很難完全避免反對意見的產生，因此學習正確面對、化解，才是最積極做法。

排解得法，怨言不可怕

 可以這樣說，能夠勇敢承擔並化解客戶的怨言，才能成為一位合格的行銷談判者。

身為代表的你，免不了會在談判中聽見對手的一些怨言，必須承認，這是沒有辦法完全避免的事。

怨言的內容有很多種，可能是對品質、包裝、交貨期的意見，也可能是由服務不周、安排不當、辦事效率低、有關條件差距過大引發。

有些抱怨是合理的，當然也有不合理的，有些是因為一時感情激動導致牢騷滿腹，有些則是為了企業的聲譽而提出。

無論如何，千萬不要輕忽談判過程中聽到的怨言，若是不懂得及時處理，最後將演變成難以跨越、具強大殺傷力的障礙。

一般來說，處理怨言的原則如下：

● 切忌感情用事

可想而知，對手在發出怨言甚至發怒時，情緒是非常激動的。此刻，他的心中充滿了不信任與不滿意，並且極度敏感，所以你絕對不能以牙還牙，感情用事。無論對方多麼激動，你都得要求自己冷靜以對，否則必定壞事。

● 耐心傾聽

對方既然選擇發出怨言，就說明了內心有不滿，若置之不理，

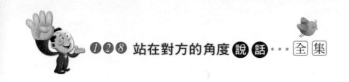

將成為妨礙談判進行的最大危機。因此，應該儘量鼓勵傾吐真實想法，讓他藉毫無保留的吐露發洩心中所有不滿，從而得到某種滿足與安慰。

● 不要輕易下結論

在未證實對方說的話是否真實，或者沒有搞清事實真相之前，不要輕易下結論。即便對方的立論或陳述存在明顯謬誤，也應避免從正面直接批駁。

● 立刻處理

務求養成聽見怨言立刻處理的習慣，這是轉禍為福的重要原則。若是碰上某些無法及時解決的問題，就要以坦白、誠懇的態度進行說明，使它變成促進雙方溝通的橋樑。

處理怨言的態度是否迅速，將直接對雙方的關係產生影響，千萬不可等閒視之，更不可以拖泥帶水。

● 寬宏大量

寬宏大量的態度有助於讓雙邊貿易關係或商業往持續，即使於某方面損失了一些，也可以設法由日後的商務活動彌補。該讓步時就讓步，不要因小失大，為一點小問題中斷彼此的往來，造成始料未及的不良影響。

● 將心比心

對待對方的怨言時，切記將心比心，實際從對方的立場去評估，而不要全部當成對自己的指責。應當這樣告訴自己：事出必有因，既然有怨言，就代表某方面一定遇上了問題。即便微不足道，也要查出來。

對此，日本一家知名企業的營業部長曾說：「每一次遇到表示怨言的顧客，我都會提醒自己，對方之所以抱怨，是因為對公司的製品與營業狀況產生興趣，因此願意站在顧客的立場，提出

自己的想法。」

「對於顧客的怨言，我向來都秉持虛心接受的態度，並設法從中得到一些訊息、學習一些東西。可以這樣說，能夠勇敢承擔並化解客戶的怨言，才能成為一位合格的行銷談判者。」

● 不能簡單行事

即便想要反駁對方的怨言，也只能婉轉提出，並充分說明理由，做到通情達理。你必須認清一個道理：要使對方接受你的意見不是容易的事情，除了耐心，更需要展現出誠意。

與此同時，也要建立正確觀念，千萬不可為了討好對方，輕易做出根本無力兌現的保證或承諾，否則將傷害信譽，造成更難解的糾紛。

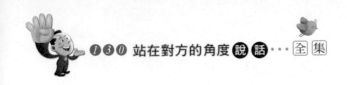
態度冷靜才能將詭計看清

成功的談判者必須具備極強的自控與應變動能力，同時懂得在遭遇逆境或對手有意試探時保持冷靜，以抓住勝利。

　　商務談判絕對不是單純、簡單的商業活動，其中包含的內容與象徵的意義，遠比一般人所想像更為複雜。

　　談判大師李森生曾說：「談判，對參與者來說，是能力與智力的競技。要想立於不敗之地，不僅應當具有商人的手腕和政治家的風度，還必須隨時看穿各種虛假的威脅和暗藏的計謀，果決地做出適當反應。」

　　一般說來，要完成一筆生意，至少需要進行三次會談。第一次會談的主要目的，在摸出對方公司的安排、公司目標，消費習慣，以及決策者。第二次會談時，要提出運用第一次會談中所得資訊制定的方案。第三次會談的最大目標，則在瞄準關鍵人物，重述自己的方案，以加深印象。

　　對此，李森生進一步解釋道：「別以為第一次會談的結果根本不重要，事實正好相反，沒有什麼比它更重要了。如果不能在第一次會談就打下穩固基礎，第二次會談根本無從展開。」

　　未來的客戶絕對不會把自己的情況、要求、喜好等資訊列成一覽表，自動地奉送給你，不過隨著談話進行，他們會無意地流露出許多重要訊息。想要成為談判高手，你應該隨時攫取身邊的

有用資訊。

有一回，李森生應邀前往義大利米蘭，針對未來可能展開的商務合作，與當地企業德蒙公司進行磋商。

於米蘭市國際商廈下榻的第二天，德蒙公司的請柬就由總經理的女秘書親自送抵，邀請李森生於當日下午前往，進行一次初步的會談。

收下請柬，簡單換洗準備，並大致於內心估算可能面對的情況後，李森生便招來一輛計程車，朝德蒙公司的總部出發。

出乎意料的事情發生了——會談的進行遠比想像更不順利。

氣氛相當不好，許多名與會者姍姍來遲，一抵達便又說自己很忙，只能停留一下，十幾二十分鐘以後就得趕赴其他重要約會。狀況已經夠糟糕，不湊巧的是會議室的錄影機無法順利放映錄影帶，而德蒙公司的代表們竟連錄影機的管理者是誰都說不上來。

眼見情勢不利，李森生迅速掃視過全場，研判再繼續拖延下去對自己一點意義都沒有，當即站起身，朗聲向所有人說道：「這是不對的！我坐了十四個小時的飛機，千里迢迢從上海前來與貴公司進行商談，不該面對這樣的混亂狀況。我不願意慌張草率地決定任何生意，也不想再繼續浪費彼此的時間，今天就到此為止吧！一切等貴公司準備妥當再談。」

「先生，請相信我，你並不會浪費時間。」突然，在座一位始終保持沉默的女士說話了，她介紹自己是銷售經理。「很抱歉造成困擾，從現在開始，我將代表德蒙公司做決定。」

對李森生來說，這是一項重大突破，因為他成功找出了對方的負責人，知道了「焦點」所在。

果然，之後的談判進行得相當順利，很快就凝聚了一定共識。

回顧會談的進行，李森生最初受到十分冷漠的待遇，但他能

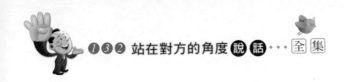

控制自己的情緒，很快地抓住某些細節，冷靜且直接地向對方表明自己的失望，甚至輔以「最後通牒」，所以一舉扭轉劣勢，「逼」出真正的決策者。

身為知名的商務談判專家，李森生認為，想要成為一位百戰百勝的高手，除了必須適度讓身體與精神得到放鬆，保持最好狀態外，還必須注重內在素質、智能的培養。

因此，他始終致力於加強心理修養，對人對事保持樂觀心態，熱衷於參加社會活動，隨時隨地與不同類型的人進行互動。凡此種種，無不有效提高了對環境的適應力與抗壓性，幫助相當大。

李森生說：「一個人內在素質如何，自身水準的高低，都是影響談判的直接原因。要想獲得成功，除了需要一些技巧和方法外，還必須靠自己的積極努力，不斷提高自身內在素質。如此一來，才有辦法在大大小小的談判中處變不驚，自如應付。」

這番話點出談判者必須具備的一項重要素質——自控與應變能力。

談判過程很難步步順利，難免會發生意料外的狀況，遇上令人煩惱或不快的問題，甚至遭到對方的有意欺瞞，就如李森生的遭遇。想想，若談判者是一個脾氣暴躁的人，便極有可能因驟然爆發怒氣而破壞原有的冷靜；若是一個多愁善感的人，則可能鬱鬱寡歡，喪失鬥志，兩者都不足取。

成功的談判者必須具備極強的自控與應變動能力，同時懂得在遭遇逆境或對手有意試探時保持冷靜，審慎評估大局，巧妙地發揮言語威力，直搗核心，將計謀揭穿，抓住勝利。

合適的言語特質讓你更受肯定

 不僅要注意到男女語言的不同特質，掌握優點，更要進一步培養出能展現自身個性特點的說話方式。

作家柯立芝曾說：「言語是人類心智的軍火庫，藏著以往的戰利品，更藏著征服未來的武器。」

每個人身上必定都有一些「特質」，它們可能是天生的，也可能是後天培養出來的。若能巧妙配合自身性別，塑造出合適的、容易被接納的言語特質，必能讓你更吃香。

- **適合男性的言語特質**

如果你是男人，想要說話鏗鏘有力、擲地有聲，就該培養出以下特點：

- **豪爽**

男性要性格豁達，語氣直率，表現出豪爽坦誠的性格和品質，讓聽者感受到強大的力度和氣度，深深被折服。

- **理智**

有句俗話說，感情是屬於女人的，而理智屬於男人。當然，這話並非百分之百正確，但在絕大多數情況下有相當可信度。即便是同一件事情，男性與女性的表述角度多有不同，女性重於感性，男性則重於理性。

- **瀟灑**

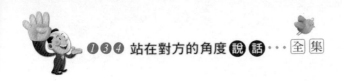

有的男人說話吞吞吐吐，不敢痛快地說出來，容易讓人留下不好印象。乾脆俐落、灑脫豁達、直抒胸臆，這才展現出男性語言應有的瀟灑。

此外，語言邏輯的嚴密、語句的簡練準確等，也都是男性語言的重要特點。能夠以這樣的態度說話的男性，比較吃香。

● 適合女性的言語特質

女人素來較善良溫柔，這種美德也體現在語言中。

身為現代女性，要在競爭激烈的社會中求生存發展，更應了解女性語言的特點，充分展示獨特魅力，從而使自己更具優勢，成為人見人愛的新女性。

能充分展現女性魅力的語言態度，應滿足以下特點：

● 理解

人天生就有一種心理需求，希望得到別人理解。而女性普遍比男性更富同情心，更善於體恤別人、與人進行心靈的溝通，以滿足對方的心理需求。

飽含深深理解的語言，最能打動人心。大凡真摯不變的友誼、纏綿熱烈的愛情，都必須建立在相互理解的基礎上。

● 溫柔

溫言細語、謙順溫和，是女性特有的語言風格，使人備感親切。

有人說「女人不能弱，弱了被人欺」，因此出現了「罵街潑婦」，說話比男人還粗魯，這其實是捨近求遠，放棄了自身的優勢，轉而追求劣勢。

只要運用得當，誰說溫柔不能是一種利器？

● 含蓄

女性大多是含蓄的，與人交談時，常常不直陳意見和看法，

而是拐彎抹角、正話反說，或者巧用寓意象徵、委婉迂迴，從而給人無限遐想空間。

這種說話方式有一個極大好處，就是避免了直接觸碰他人的痛處，因言語不慎而樹敵。

在提出不同意見、批評或拒絕時，尤為重要。

● 多情

女性語言與男性語言的最大區別，是男性注重理，女性注重情。

多情是女性語言的一大特點，也是一大優勢。

飽含感情色彩的語言，在人際交往中，能喚起對方的情感，使雙方產生感情上的共鳴，促使關係更加緊密。

用多情的女性語言和丈夫或戀人交流，會使情感之花更加豔美；去安慰親朋好友，會更容易達到撫慰對方心靈的目的；去激勵同事，能使人產生極大的進取心和力量。

多情是女性語言的優勢，充分發揮，能產生意想不到的力量。

新時代，新氣象，人們的溝通模式越發多樣化且個性化，我們不僅要注意到男女語言的不同特質，掌握優點，更要進一步培養出能展現自身個性特點的說話方式。有些節目主持人，在進行人物專訪時，為了讓被訪者說出實情，並儘量地了解情況，言詞多相當犀利，令被訪者防不勝防。

這就是他們的說話特色，也是言語魅力所在。

了解對方的語言特點，樹立自己的語言風格，有助於增添自身的社交魅力，達到戰無不勝的目的。

PART 6

期望會說話，
先學著少說廢話

諺語是詼諧而有說服力的短句，

談話時套用個幾句，

有畫龍點睛的效果，

但用太多也不好。

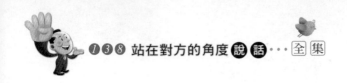

說話迷人，你就能說服人

一句話若沒有抑揚頓挫，將流於平淡，引不起對方的興趣，添一些感歎詞，則能活化彼此對談的氣氛。

吸引人的談話，少不了動聽的音調和動人的傳遞方式。

有些談話者，雖然在內容上不佔優勢，但說話方式非常高明，傳遞出非常迷人、令人舒服的感覺，因此處處吃香。

不可諱言，不同的說話者就有不同的個性，每一次對話，都會因為說話技巧的不同而得到不一樣的迴響、反應。

使對方願意傾聽的迷人說話技巧，具體而言，指的是以下幾種：

● **說話風格明快**

大多數人不喜歡晦暗的事物，就如同草木需要陽光才能生長。帶陰沉感的談話，會讓人產生疑慮、厭惡及壓迫等負面情感，可想而知，收效不會太好。

● **擁有個性的聲音**

有些女性的說話聲音非常動人婉轉，使聆聽者覺得與她對話是一種享受，這樣的說話者，就是非常成功的。

擅長說話的人必定會注意自身的說話音量，並慎選說話的語氣，完全依自身的天賦、個性、場合及所要表達的情感而變化。

如果條件允許，不妨把自己說的話錄下來，仔細地聆聽，你

很有可能會吃驚地發現，自己說話時竟有那麼多毛病，有那麼多需要立即改進的缺失。

如此經常檢查，說話技巧必定會不斷提高。

● **語氣肯定**

每個人都有自尊，很容易因為某些微不足道的小事就感到自尊受損，並反射性地表現出拒絕態度。

所以，期望對方聽你說話，首先得先傾聽對方要表達些什麼。

所謂「說話語氣肯定」，並不是指肯定對方說話的內容，而是留心可能使對方受傷害的地方。

如果我們無法在內容上贊成對方的想法，可以說：「你所說的，事實上我本身也曾考慮過。」然後再問：「那你對這件事有何看法？」

將判斷的決定權交出，並不僅只於單純地保護對方的自尊心，也是了解到自己並不完美的謙虛表現。

以這種形式說話，當然比較受歡迎、比較吃香。

● **語調自然變化**

比起故意做作，自然的聲音總是更悅耳。

你要注意，交談不是演話劇，無論採用什麼樣的語調，都應保持自然流暢，故意做作的聲音將使事與願違。

當交談的對象不是一個人，而是許多人時，可採用以下技巧：當前一個人的聲音很大，你在起頭時就可以壓低聲音，做到低、小、穩；當前一個音量小時，你一開始說話就該略提高嗓門，讓聲音清脆、響亮，以引起聽眾注意。

● **習慣用法**

人類生存在當今繁雜的社會環境中，對於語言，各自擁有不同的運用標準，一旦不符合標準，就會導致不協調的感覺產生。

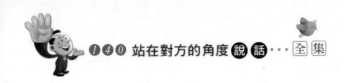

語言運用是否合適，取決於語氣與措詞。

人際交往中，確實有必要根據實際情況或對方身分調整說話方式，使用最適當的語言。不分親疏遠近，一律以某一種態度說話，必將使效果大打折扣，非但不能有效傳遞自己的想法，甚至還會得罪人。

「太好了」、「好棒喲」、「真可怕」，這都是一般女孩子說話時常會冒出來的感歎詞，也是感情洋溢的表現，能使說出來的話更具色彩、更吸引人。

一句話若沒有抑揚頓挫，將流於平淡，引不起對方的興趣，添一些感歎詞，則能活化彼此對談的氣氛。當然，幫對話「加料」必須適可而止，過多的感歎詞也會抹殺掉言詞的可信度，使聆聽者分辨不出你要表達的真正意思。

將「冷」、「熱」這樣極平常的形容，加上適度修飾，變成「好冷呀」、「好熱呀」，不是更動人嗎？

● 思路有條理

當先前的談話陷入爭論，欠缺頭緒時，你站出來講話，就要力求詞句簡短、聲音果斷，氣勢過人且富於條理。

此外，還有一個說話小秘訣：若必須在公開場合下與眾多參與者一同發言，你的發言順序最好不要夾在中間，要不在前面，要不就乾脆留待最後，給聽眾的印象才會深刻。

期望會說話，先學著少說廢話

 諺語是詼諧而有說服力的短句，談話時套用幾句，有畫龍點睛的效果，但用太多也不好。

　　每個人都喜歡聽好聽的話，說好話絕對比做好事更容易達成溝通的目的；想成功，在溝通的過程中，如何把話說到別人的心坎裡，絕對是必修的一門學分。

　　如果你不知道如何把話說進對方的心坎裡，非但無法達成自己的目的，而且還會使自己處處碰壁。

　　日常生活中，如果稍加留意，絕對會發現許多人在說話中存在一個明顯毛病，就是愛說些無關緊要、多餘的「廢話」。

　　雖然這些毛病的殺傷力不是太大，但如果不加以注意，不求有效改善，免不了降低談話效果。

　　一般人的交談，最容易出現以下幾種「廢話」：

● **多餘的贅語**

　　不少人喜歡在交談中使用某些根本不必要的贅語或口頭禪，例如，無論講什麼都加上一句「自然啦」或「當然啦」；另有一部分人動不動就要加上「坦白說」、「老實說」；也有人老是喜歡問別人「你明白什麼」或「你聽清楚了嗎」；還有人說沒幾句就會冒出「你說是不是」或「你覺得怎麼樣」，諸如此類，不勝枚舉。

這一類毛病，說話者自己可能一點不覺得，卻讓人感到相當困擾。若要克服，最好的辦法是請朋友時刻提醒。

• 雜音

有些人能把話說得很好，卻偏要在言語之間摻上無意義的雜音。

他們的鼻子總是一哼一哼地響著，或者喉嚨好像老是不暢通似的，輕輕地咳著，再不然，就是每句話開頭都加上一個拖長的「唉」，生怕他人聽不清楚自己要說的話一般。

這類毛病，多是習慣導致，只要拿出決心，絕對可以戒除。

• 諺語太多

諺語是詼諧而有說服力的短句，談話之時套用幾句，有畫龍點睛的效果，但用太多也不好。

諺語用過頭，會給人一種油腔滑調、嘩眾取寵的不良印象，不僅無助於增強說服力，反而使聽者感到累贅。

切記，只有將諺語用在恰當的地方，才能使談話生動有力。

• 濫用流行字句

某些流行的字句，往往會被人不加選擇地亂用一番，「奈米」這個詞就是一個被濫用的好例子。什麼東西都牽強地加上「奈米」，不僅不能提高可信度，還會使人感到可笑。

• 特別愛用某個特定詞

不知是因為偷懶、不肯動腦筋尋找更恰當的字眼，還是有其他方面的原因，總有人特別喜歡用某一個特定的字或詞來表達各種各樣的意思，而不管這個字或詞本身是否合適。

濫用同一個特定詞彙，突顯了自身表達能力的不足，更使聆聽者感到迷惑、厭煩，必須避免。

平時就該盡可能地多記一些辭彙，並了解它們的真正涵義，

使自己的表達能力更精準且多樣化。

• 太瑣碎

過於瑣碎的談話，容易使聆聽者失去耐心。

例如，自己的經歷，本來最容易講得生動、精采，很多人也喜歡聽別人描述自身經歷。但是，許多人在講述過程中，會犯下過於瑣碎、不知節制的毛病，不分主次地說個沒完，好像自己的一切都很了不起，都有公諸於世的必要。可想而知，聽者會感到茫然無頭緒，很快就失去了興趣。

這樣的說話本事，無論可以把一件事情描述得多詳細，都不算高明。

講經歷或故事時，要善於抓出重點，並了解聽者的興趣究竟在哪裡。在重要的關節上講得盡可能詳細一些，其他地方，用一兩句話交代過去即可。

• 過分使用誇張手法

誇張的手法多能達到引人注意的效果，不過，不能用得太過分，否則別人將無法信任你口中說出的話。

現實生活中，人不可能每次說的都是「非常重要」的消息，也不可能每次都講「極動人的」故事或「最可笑的」笑話，因此，不要動不動就用上「非常」、「最」、「極」等字眼，以免在聆聽者心中留下誇大不實的負面印象。

改掉說「廢話」的毛病後，還應該注意自己在談話中的聲調、手勢、面部表現，努力使各方面協調、得體。這樣，就能大大增強言談的吸引力，藉言語在人際交往中無往不利。

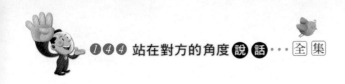

聲音完美，更具成功機會

語言的威懾和影響力，與聲音的大小沒有連帶關係，不要以為大喊大叫就一定能說服並壓制他人。

期望自己的言談本領更高明、更具吸引力，必須同時要求說話方式與內容，力求使雙方面都得到提升。

那麼，該如何讓聲音更具吸引力呢？

期望使聲音更完美，應掌握以下技巧：

• 注重自己的說話語調

語調能反映出說話者的內心世界，包括想法、情感和態度。

當感到生氣、驚愕、懷疑、激動時，你表現出的語調必定無法自然。因此，透過語調，人們可以感覺出你是一個令人信服、幽默、可親可近的人，還是一個呆板保守、具挑釁性、好阿諛奉承或陰險狡猾的角色。

同理，語調也能反映出你是一個優柔寡斷、自卑、充滿敵意的人，還是一個誠實、自信、坦率並能尊重他人的人。

無論正談論什麼樣的話題，都應力求讓說話語調與所談及的內容互相配合，並恰當地表明自己對某一話題的態度。

要做到這一點，語調必須滿足以下條件：

1.向他人及時、準確地傳遞自己所掌握的資訊。

2.得體地勸說他人接受某種觀點。

3. 倡導他人實施某一行動。

4. 果斷地做出某一決定或制定某一規劃。

● **注意自己的發音**

我們說出的每一個詞、每一句話，都是由一個個最基本的語音單位組成，然後再加上適當的重音和語調。

正確且恰當的發音，有助於準確地表達思想，使你心想事成，是提高言辭表達說服力的一個重要元素。

而達成一切的基本，就是清晰地發出每一個音節。

不良的發音有損於形象，更有礙於展示自身思想和才能。若說話時發音錯誤且含糊不清，表明自身思路紊亂、觀點不清，或對某一話題態度冷淡。當一個人本身不具備激勵能力卻又想向他人傳遞資訊時，通常如此。

令人遺憾的是，許多管理人員經常有發音錯誤的毛病，甚至還帶有發音含糊的不良習慣。他們養成了自以為是的一種老闆式說話腔調，講話時哼哼嗯嗯、拖拖拉拉，還以此得意，認為體現出了自身的威嚴及與眾不同。

但看在別人眼裡，真的是這麼一回事嗎？

可想而知，當然不是。結果極有可能適得其反，因為這種「官話」會使下屬感到極不自然，從而產生一種本能上的抵制情緒。

● **不要讓發出的聲音刺耳**

人的音域範圍可塑性極大，有的高亢、有的低沉、有的單薄、有的渾厚。說話時，你必須精準地控制自己的音量與音高，因為音量大小和音調高低不同，象徵的意義便不同。

高聲尖叫意味著緊張驚恐或者興奮激動，如果說話聲音低沉、有氣無力，則會讓人感覺缺乏熱情、沒有生機，或者過於自信，不屑一顧，更可能讓人感覺到你根本不需要他人的幫助。

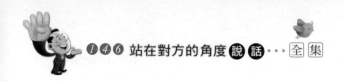

當我們想使說出的話題引起他人興趣時，多會提高自己的音調。有時，為了獲得一種特殊的表達效果，也會故意降低音調。無論如何，應力求在音調的上下限之間找到恰當的平衡。

• 不要用鼻音說話

與人對談過程中，我們可能經常聽到諸如「姆……哼……嗯……」之類的發音，這就是鼻音。

應避免用鼻腔說話，因為極有可能讓聽者感到難受。

使用鼻腔說話，會讓聲音聽起來似在抱怨、毫無生氣、十分消極，無法在別人心中留下好印象，並不吃香。

如果你想讓自己所說的話更具吸引力和說服力，期望自己的語言更富魅力，從現在開始，請避免使用鼻音。

• 控制說話的音量

內心緊張時，發出的聲音多會較尖且高。

但是，語言的威懾和影響力，與聲音的大小沒有連帶關係。不要以為大喊大叫就一定能說服並壓制他人，事實上，聲音過大只會迫使他人不願聆聽，甚至產生厭惡情緒。

與音調一樣，每個人說話的聲音大小也有一定範圍，不妨試著發出各種音量大小不同的聲音，從中找出最為合適者。

• 充滿熱情與活力

響亮而生機勃勃的聲音，給人充滿活力與生命力的感覺。你向某人傳遞資訊、勸說他人時，這一點能產生重大的影響力。人在講話時，自身情緒、表情和說話的內容一樣，能帶動、感染每一位聽眾。

• 注意說話的節奏

節奏，即由說話時的發音與停頓所形成、強弱有序且富週期性的變化。

日常生活中，大多數人根本不考慮說話的節奏，更輕忽了說話時不斷改變節奏以避免單調乏味的重要性。

節奏的重要性，可以從以下事實看出：每一種語言都有獨特的重音和語速，法語不同於德語，英語不同於西班牙語，漢語又不同於英語。

此外，人們容易認為詩歌與散文的節奏有很大差別，其實兩者的相對區別在於規則與不規則的重讀上。詩歌具有規則的、可把握的重音，相較之下，散文的形式則是不規則的。

當人們處於壓力之下，便會不由自主地使用一種比散文更自由，或者說更無規則的節奏講話。

• 注意說話的速度

語言交流過程中，講話速度快慢將影響資訊的傳遞效果。

速度太快，就如同音調過高，給人緊張和焦慮感。一個說話太快的人，必定會有某些詞語模糊不清，使他人在接收上產生困難或誤解。

當然，並不是放慢速度就一定比較好，因為相對的，速度太慢，表明你領會遲鈍，容易使人心生不耐。

努力維持恰當的說話速度，不要太快也不要太慢，並在說話過程中不斷地視對方反應做調整，自然比較吃香。

說話的內容和聲音都是十分重要的，找出讓自己把話說得更完美的方式，無疑是贏得人心的最好方法。

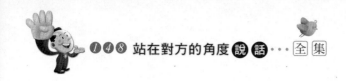

想把話說好，「佐料」不可少

> 在不同的場合、出於不同的需要、面對不同的
> 對象，說話速度理所當然要有所差異，以求適
> 應環境。

　　就像任何一道好菜必定少不了調味料點綴、提味一樣，想要
把話說好，「佐料」絕對不可少。語調就是說話不可缺少的「佐
料」，即便語句相同，只要語調不同，就表達了不同的意思。

　　現實生活千變萬化，造就出千種甚至萬種的說話語調，以表
達人們豐富的感情，或高昂熱烈、歡暢明快；或低沉舒緩，溫和
穩重。語調不僅強化了內容，也揭示了說話者的情緒與心境，是
一種奇妙的暗示器。

　　別小看了語調能帶給人們的印象，美國《今日秘書》雜誌中，
一篇題爲〈你的語調會妨礙你的前途嗎〉的文章，便曾以舊金山
一位辦公室女士的經歷爲例，說明說話語氣的重要。

　　最開始，這位女士剛從一所有名的商業學校畢業，具備辦公
室人員應具備的各種技能。她首先受雇於一家大公司，想不到上
班剛滿兩星期，忽然接到通知，說她那刺耳且鼻音過重的語調使
雇主不勝其煩，決定解雇。這位失業的女士大受打擊之餘，立刻
弄來一部答錄機，對照自己的發音，反覆聆聽、矯正，終於能用
較爲悅耳的語調說話，並很快又謀得了一個理想職位。

　　正可謂成功在此，失敗亦在此。挑選辦公室工作人員當然不

能僅憑語調論優劣，決定去留，但人在說話時不能恰當地運用語調，確實是令聽者不快的事。

語調運用要準確恰當，應根據情境的需要，確定基調。比如，下級跟上級說話，一般是謙恭、平和的語調；上級對下級說話，一般用沉穩、溫和的語調；平輩之間說話，應是親密、爽快的語調。在莊重的場合，應多用嚴肅、鄭重的語調；在歡樂的場合，應多用輕快、喜悅的語調。

大凡善說者，必定重視語調的選擇，力求運用得體，或娓娓而談，如潺潺流水；或慷慨激昂，如江河奔流，將思想感情淋漓盡致地表達出來。

說話要有基調，不能從始至終保持不變，否則過於單調乏味，好比在鋼琴上不停地彈奏同一音符一樣，令人心生厭煩。根據內容的需要，靈活地變化語調，抑揚頓挫、起伏跌宕、聲情並茂，才會引起聽者興趣，收到效益。

另外，講普通話還要掌握語速，作為一種說話技巧，往往易被人忽視。說話忽快忽慢，快慢錯位，不善於運用語速技巧，就會影響表達效果。

交談中，聽的速度要比說的速度快。如果說話速度過慢，經由耳朵傳到大腦的資訊間隔時間太長，即會導致思想出錯，橫生枝節或誤解；另一方面，人們的「感知」速度又比說話速度慢，如果語速過快，吐詞如連珠炮，經由耳朵傳至大腦的資訊過於集中，又會導致應接不暇、顧此失彼，甚至精神緊張。

在不同的場合、出於不同的需要、面對不同的對象，說話速度便理所當然要有所差異，以求適應環境。

當情況緊急、工作緊張，或者心情緊迫時，需要在較短時間內表達主要意思，語速就要快些；情緒激動時，或興奮，或惱怒，

也會不由自主地加快語速；為了加強語勢，引起聽者注意，也需要讓語速更快。

其次，說話內容也影響語速。無關緊要的事，語速快慢皆無妨，若是說到重要的、需強調的內容，則應適當放慢速度，讓人聽得清，便於理解。

再次，說話對象也制約著語速。當對象是老人、孩子及文化素質不高者，語速要適當放慢；若聆聽者較年輕，聽辨能力強，或是個急性子，語速不妨加快些。一般情況下，以中速為宜。

應在說話前先確定基本語速，而非從頭至尾只有一個速度、一種節奏。「和尚念經」不是好的說話方式，根據語境變化而調整語速才是正確的。

語速就跟聲調一樣，按一定節律變化，即構成特殊的節奏美。透過語速的變化，可以淋漓盡致地表達說話者的感情。

說話時要掌握好語速，何時快，何時慢，何時停頓，應恰當自如地做調整。善用語速技巧的人，無疑會增添說話的吸引力，給人以穩重、自信之感。

當快則快、當慢則慢，就是掌握語速技巧的真諦。

內涵紮實，言語更添魅力

 若不想說話空洞無物，就應下決心積累大批的、雄厚的、紮實的本錢，從充實內涵開始，讓說話的內容豐富起來。

　　口才，反映了一個人的道德修養、學識水準、思辨能力。

　　要想使自己的語言具有藝術魅力，光靠技巧是不夠的，一味地追求技巧而忽略自身的素質培養，等同於捨本逐末。我們在學習語言技巧同時，還應全面提高自身的學識修養。

　　有人說，在這個世界上，唯一可以依靠的人就是自己。而要得到好口才，在於平時的積累和鍛鍊。所謂「厚積薄發」，必定有一定道理，因爲言語必須以生活爲內容，先有實踐經驗，才有談話的基礎，並使對話內容充實、豐富。

　　對於家事、國事，都要經常關注，以吸取對自己有用的資訊。對於所見所聞，都要加以思考、研究，儘量去了解發生的過程、意義，從中悟出道理。凡此種種，都是學習並積累知識的好機會。在日常生活中，要隨時計劃、安排、改進生活，不可任性懶散地讓機會白白流掉。

　　若不甘於做井底之蛙，就應靜下心來努力地學習，拓展視野。你若不想說話空洞無物，就應下決心積累大批的、雄厚的、紮實的本錢，從充實內涵開始，讓自己說話的內容豐富起來。

　　以下，介紹一些積累談話素材的方法：

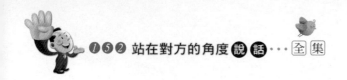

● **多讀書多看報**

日常生活中，我們每天都離不開報紙、雜誌和書。不妨在讀書看報時，備一枝筆或一把剪刀，把見到的好文章、讓自己心動的好話標出來、剪下來。每天堅持，哪怕一天只記一、兩句，也是很有意義的。

日積月累，在談話的時候，會不經意地用上曾抄下來的語句，它們可能會突然地從你的頭腦裡冒出來，給你一個意外的驚喜。

● **積累警句、諺語**

聆聽別人的演講或談話時，隨時都可能捕捉到表現人類智慧的警句、諺語。把這些話在心中重複一遍，記在本子上，久而久之，談話的題材、資料將越來越多，使你的口才越來越成熟，說起話來條理清楚，出口成章。

● **積累談話素材**

對於談話的題材和資料，一方面要認真地去吸收，另一方面要好好地加以運用。懂得運用，一句普通的話也可以帶來驚人效果。

千萬要建立一個正確觀念：不能應用的吸收毫無意義。

● **提高觀察、思考問題的能力**

有觀察、思考問題時的敏銳眼光，有豐富的學識和經驗，有大大增強的想像力、敏感性，就能提高自己的口才。

隨著口才的提高，生活必將更豐富多彩，從個人的個性品質到各方面能力都將得到顯著提高，從而成為一名無往不利、處處吃香的社交能手。

攻「心」才能收得真正效益

 適時加以讚美，可在行銷、溝通過程中助你一臂之力。語言要把握得恰到好處，力求生動活潑、貼切實際。

　　人人都說商場如戰場，如何在品牌眾多的商場上，把你的產品成功地推銷出去，說服顧客，使他們心悅誠服地購買呢？

　　語言溝通絕對是最重要的。在商場上，只有夠漂亮、能夠打動顧客心靈的語言，才是金玉良言。

　　使顧客由「不買」變為「想買」，可參考以下幾種方法：

● 巧設疑問

　　若顧客看了你的商品，轉身就走，便說明了他根本沒有購買意圖。這個時候，你再繼續講述該商品有多好多優秀都無異於徒勞，因為對方根本聽不進去。

　　但是，你若能巧妙地換一種辦法，使顧客抱著好奇心態停下來，傾聽你的講解，就有可能改變顧客的意圖，化「不買」為「買」，抓住寶貴商機。

　　如何激發好奇心呢？

　　很簡單，就是在適當的時候把疑問留給顧客。

● 投其所好

　　顧客拒絕你所推銷的商品時，可能會說出不買的原因。

　　你可以抓住這個機會與他溝通，根據回答找出不滿意的原因，

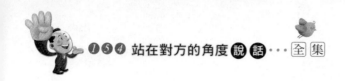

以及顧客真正的需要，投其所好，對症下藥。

但是，投顧客所好也要掌握分寸，一定要一針見血，一句話就說到對方心裡去，激發他的興趣。

顧客若有自卑心理，可以透過讚美消除，給他信心；顧客若是悶悶不樂、憂心忡忡，可以運用語言藝術說出更漂亮、幽默的話，改變當時的談話氣氛；顧客若不明事理、無理取鬧，不妨順水推舟，製造反差，使他意識到自身的錯誤，從而心悅誠服地接受你的意見。

想要順利與顧客展開溝通，必須先掌握顧客的心理，清楚他們在什麼樣的情況下需要什麼、想什麼，從而做成交易。

● 真誠相待

有些時候，顧客只是抱著隨意逛逛的心態，走進你的商店挑了半天，弄得亂七八糟，最後一件也不買。

這時候，身為老闆的你可能會相當生氣，該如何應對才好？

當著顧客的面說出自己的不滿，結果當然不言而喻。假若換一種心境面對，效果可能就大相徑庭了。

你應當將不滿的心情隱藏起來，耐心等待顧客挑選，並且笑臉相對。如此情況下，他極有可能會因為你的熱情誠懇而感動，心甘情願地買走某一樣商品。

某回，一個旅遊團走進了一家糖果店，參觀一番後，正打算離開時，服務員端上一盤精美的糖果到他們面前，柔聲地說：「各位好，這是我們剛進的新品，清香可口，甜而不膩，免費請大家品嚐，請不要客氣。」

盛情難卻，遊客們恭敬不如從命，但既然免費嚐了人家的糖果，不買點什麼實在過意不去，於是每人多多少少都買了幾包，在服務員歡喜的「歡迎再來」的送別聲中離去。

是什麼轉變了遊客的態度，從「不買」變成「買」呢？

自然是服務員耐心真誠的態度。

• 合理讚美

做生意時，不免要面對「大權在握」的客戶，這時不妨給予合理讚美，讓對方感到得意，同時做出一些讓人痛快的決定，以更彰顯他的「權力」。

來看看下面這個例子：

在一次偶然的機會下，李華結識了一位女士，對李華經手出售的豪宅很感興趣，但對價錢卻沒有表態，留下一張名片便離開了。

李華看過名片，不由一怔，原來她是一家知名公司的副總經理。那位「女士」看起來貌不驚人，卻頂著「副總經理」的頭銜，李華認為，以她的經濟實力，絕對可以買下自己經手的這棟豪宅。

次日，李華打電話去向那位女士「行銷」，但對方只說了句：「太貴了，如果能便宜一點再說。」

事實上這是好事情，表示她對房子本身相當滿意，只是在價格上還有些問題。於是，李華要求直接與對方面談。

一走進那位女士的辦公室，李華便被眼前豪華氣派的佈置驚呆了。中間一張大辦公桌，右邊一套高級沙發，左邊還有一張大型會議桌，七、八位職員正在進行「小組討論」。

李華想也沒想，脫口而出：「您手下有這麼多人啊！」

那位女士笑著說道：「是呀！這些都是我的中階主管。」

「哇！他們都是主管，下面豈不是還有更多人？」

見對方點了點頭，李華禁不住讚佩道：「我見過很多男主管，但女主管有這麼大排場的，還是第一次看到。您的權力想必

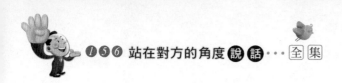

很大吧！如果不是自身夠能幹、有才華，絕對不可能辦到的。」

　　聽見如此恭維，那位女士自豪地說：「這只是一小部分。」

　　李華故作吃驚狀，高聲說：「太驚人了，那您做事一定很痛快、乾脆，很有大將風範。」

　　聽完李華的讚美，那位女士心花怒放，非但笑得合不攏嘴，還連連點頭說：「這棟房子我要了，不用等我丈夫來看，我決定就可以。就這樣說定吧！我們明天就簽約。」

　　就這樣，李華做成了一筆大生意。

　　適時加以讚美，可在行銷、溝通過程中助你一臂之力。但切記一點：讚美是一門藝術，語言要把握得恰到好處，力求生動活潑、貼切實際。若是漫無邊際、不假思索，讓聽者明顯感覺你在拍馬屁，只會收到反效果。

戰勝咄咄逼人的談話對手

 當對方的問題很難回答、角度很刁，回答肯定、否定都可能出差錯時，不如不要回答，設法把問題還給對方。

溝通其實沒什麼秘訣，就看你是否懂得站在對方立場看問題，是否懂得站在對方角度說話。想要提昇自己的處世競爭力，說話辦事一定要講究策略和技巧；懂得站在對方的立場思考，站在對方的角度說話，你就會恍然發現，眼前這個人其實沒那麼難纏。

很多人都害怕和咄咄逼人的對手交談，認爲這是一種相當可怕、難以應付的談話態度。

確實如此，咄咄逼人的談話者，一般是有備而來，或是對自己的條件估計得比較充分、有信心取勝。他的談鋒多是指向一個地方，對要害部位實行「重點攻擊」，使聆聽者打從一開始就處於被動位置。

碰到這樣的人，難道就只能被動地挨打嗎？當然不是。對付咄咄逼人談話者的辦法相當多，根據情況的不同，有以下數種：

●後發制人

後發制人是使自己站穩腳跟的最有效辦法，中國人最善此道，古代哲學中，有相當多關於「以靜制動」、「反守爲攻」的論述。

相信大多數人都有類似經驗：先把拳頭縮回來，直到看準了對方，再猛烈地揮出，打得最準。

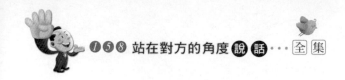

可以說，這就是後發制人的真義。

採用後發制人策略，在以下兩種情況下施行反攻，最爲有效：

● **當對方已經不能自圓其說的時候**

咄咄逼人的人，開始時鋒芒畢露，也許你根本找不到他的破綻。但是，你應該抱著這麼一種觀念——他總有不攻自破的地方，總是有軟弱的地方，只是還沒被發現而已。

等待時機，一旦鋒芒收斂，想作喘息、補充，就可以全力反攻。

● **當對方山窮水盡的時候**

當對方進攻完畢，而後發現你身上根本沒有半點「傷口」，先前的鋒芒所指，根本是微不足道的小錯誤，或者打擊的部位不夠全面，無法從本質上動搖你，必定會走到「山窮水盡」。

對手技窮時，就是你反守爲攻的最好時機。

● **針鋒相對**

針鋒相對，即是以同樣的火力進攻。

對方提出什麼樣的問題，你立即給予十分肯定或否定的回答，絲毫不退讓，一點也不拖泥帶水，使對方無理可言。

● **裝作退卻**

假如對方的問話是你必須回答、不能推辭的，而又要對方跟著你的思路走，你可以裝作在第一方面退卻，誘使他乘機逼過來，趁勢將他帶遠，完全進入圈套中，然後再回過頭來反擊。

● **抓住一點，絲毫不讓**

有些時候，會遭遇幾乎無計可施的狀況。對方話鋒之強烈、火藥味之濃，使你無法反擊，他提出許多重大問題，你卻無法一一回答，該怎麼辦？

此時，應求迅速找到談話內容中的一個小漏洞，即使相當微

不足道也無所謂，然後加以無限擴大，使他不能再充分展開其他攻勢。

接著，你就抓緊這一點小問題，來回與他周旋，轉移焦點，為自己爭取時間，想出應付其他問題的辦法。

• 胡攪蠻纏

所謂胡攪蠻纏，是當你理虧，被對方逼到了死角，又實在不想丟面子時，可採用的非常手段。

胡攪蠻纏，就是把沒有理的說成有理的，把本來不相干的東西聯繫在一起，說成是息息相關的事物，把不可能解決的、不好解決的問題全部扯在一起，以應付連串進攻。

胡攪蠻纏是不得已下的非常手段，在某種程度上，並不正當，但不失為一種自我保護的好方法，特別是當對方欺人太甚、絲毫不留情面的時候。

另一方面，胡攪蠻纏可以先拖住對方，以便為自己爭取時間與空間，考慮真正的解危辦法。

• 把球踢給對方

把球踢給對方，這是談話運用中一個很普遍、實用的技巧。

當對方的問題很難回答、角度很刁，回答肯定、否定都可能出差錯時，不如不要回答，設法把問題還給對方。從哪個地方踢來的球，就再踢回到那個地方去，反將他一軍。

古時候，一位國王故意考問智者道：「人人都說你聰明，不知是真是假？如果你能數清天上有多少顆星，我就同意你聰明。」

只見智者不慌不忙地回答：「如果國王陛下能先告訴我，我騎的毛驢有多少根毛，我就告訴陛下天，上究竟有多少顆星。」

上述這則故事，正是「把球踢還給對方」的精采演繹。

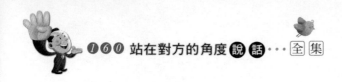

● 打擦邊球

打擦邊球，就是給予對方一個模稜兩可的回答，好像打乒乓球時打出的擦邊球一樣，看似出界，其實仍在範圍內。

面對咄咄逼人的追問，大可還以一個擦邊球式的回答，看起來與對方的問題不相干，幾乎沒有正面回答追問，但這樣的回答又確實與此有關，使對方不能對你進行無理的指責。

站穩立場，防守反擊，將以上幾種方法運用在說話中，必能大大提高言語威力，獲得勝利。

示弱，助你避開
可能的災禍

所謂示弱，說穿了，

就是強者在感情上體貼

暫時在某些方面處於

劣勢弱者的一種有效手段。

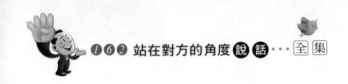

過度指責，溝通容易受挫折

過往的成功溝通經驗告訴我們：學會寬容和尊重，才能更和睦地與人相處，與人共享生活的點滴樂趣。

俗話說「一樣米養百樣人」，確實一點也沒錯。

有的人只相信自己，不相信別人，讓人避而遠之；有的人總喜歡嚴厲地責備他人，使對方產生怨恨，不知不覺讓溝通難以進行，事情也辦得一團糟。

這兩種待人處世的方式都不理想，因為只有不夠聰明、不懂溝通的人，才動輒批評、指責和抱怨別人。

不妨檢討一下自己，是不是也有喜歡責備別人的毛病？

若身為公司主管，分配下去的某件工作沒有做好，我們很可能不是積極地去尋找原因，研究對策，而是指責下屬：「你怎麼搞的？怎麼這麼笨？」

這種時候，下屬會有什麼反應？

他可能什麼也不說，但在內心會覺得你不近人情，從而導致怨恨產生。不快情緒日積月累，必會大大阻礙彼此的正向溝通互動。

有一則笑話是這樣說的：

這天，丈夫回到家，發現屋裡亂七八糟，到處是亂扔的玩具和衣服，廚房裡堆滿碗碟，桌上都是灰塵。他覺得很奇怪，就問

妻子：「發生什麼事了？」

妻子沒好氣地回答：「平日你一回到家，就皺著眉頭對我說：『這一整天妳都幹什麼了？』所以今天我就什麼都沒做。」

好指責就如同愛發誓，實在不是一種好習慣，會在傷害別人同時傷害自己，讓彼此都不好過。

接下來，讓我們看一些實際的例證：

一八六三年七月，蓋茨堡戰役展開。眼見敵方陷入了絕境，林肯下令要米地將軍立刻出擊。但米地將軍遲疑不決，用盡各種藉口拒絕，結果讓敵軍順利逃跑了。林肯聞訊勃然大怒，立刻寫了一封信給米地將軍，以非常強烈的措辭表達了自己的極端不滿。但出乎他人想像的是，這封信並沒有寄出去，林肯死後，人們在一堆文件中發現了這封信。

林肯為什麼不將信寄出？這是相當值得深思的問題。

也許林肯設身處地設想了米地將軍抗命的原因，也許他預想了米地將軍見到信後可能產生的反應，可能會憤怒地為自己辯解，也可能會在氣憤之下乾脆離開軍隊；無論哪一種，都對大局無益。木已成舟，把信寄出，除了使自己一時痛快以外，還有什麼好處呢？答案是顯而易見的。

不要指責他人，並不代表放棄必要的批評，而是要要抱著尊重他人的態度，以對方能夠接受的方式表達意見。

曾有一家工廠的老闆，一天巡視廠區，正巧看到幾個工人躲在庫房吸煙。庫房是全面禁煙的，但這位老闆沒有馬上怒氣衝衝地責備工人說：「你們難道不識字，沒有看見禁止吸煙的牌子嗎？」而是稍冷靜了一下，接著掏出自己的煙盒，拿出煙給工人們說：「試試這個牌子的煙吧！如果你們能到屋子外去抽，我會非常感謝的。」

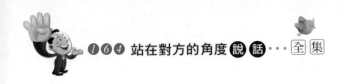

工人們一聽全都感到相當不好意思，紛紛掐滅了手中的煙。

我們喜歡責備他人，常常是為了表現自己的高明，有時也帶有推卸責任的目的。這都是不對的，古人講「但責己，不責人」，就是要我們謙虛一些，嚴格要求自己一些，這只有好處，絕無壞處。

在想要責備別人的不是之前，請閉上嘴，對自己說：「看，壞毛病又來了！」這麼一個小動作，將可以幫助你逐漸改掉喜歡責備人的壞習慣。

尖銳的批評和攻擊，所得的效果必定是零，因為你想指責或糾正的對象會為自己辯解，甚至反過來攻擊你。

不少成功的溝通經驗告訴我們：學會寬容和尊重，站在對方的角度說話，才能把話說進對方的心坎裡。

走對路，才能成功說服客戶

在與客戶溝通時，先找到雙方的共鳴之處，以此為溝通點，進行下一步的交流，比較容易達成共識。

一般來說，說服客戶要比說服其他人更難，因為與客戶之間必定存在著利益與金錢的關係，因此，雙方都會比較慎重。

要想有效說服客戶，必須按照一定的原則進行：

● **說服之前，先瞭解對方**

「知己知彼，百戰不殆」，適用於戰場，也適用於商場。說服客戶之前，必須盡最大可能去瞭解對方的一些情況，這樣才能有針對性地進行說服。

瞭解對方時，要注意以下幾點：

第一、看性格。

不同性格的人，接受他人意見的方式不一樣。瞭解對方的性格，就可以根據以選擇出最合適的說服方式。

第二、瞭解對方的特長。

一個人總是對自己的長處感到自豪，想要說服他人，可以將對方的長處當作切入點，拉近彼此的距離，讓說服工作進行得更容易。

第三，摸清對方的喜好。

有人愛下棋、有人愛釣魚、有人愛畫畫、有人愛唱歌，總之

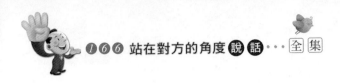

人人都有自己的愛好。若能先從對方的喜好入手，再進行說服，較容易達到目的。

有些人不能說服對方，是因為事前沒有充分瞭解，無法運用適當的說服方式，自然就不會得到理想的結果。所以說，在說服之前，一定要充分瞭解對手與狀況，再針對性地採取相應的說服方式。

● **要耐住性子**

如果你的觀點是對的，卻無法和對方達成共識，如此情況下，就該稍微緩一緩，不要操之過急。人的觀點不是一兩天可以形成的，要改變也絕非一日之功。這時候就需要耐住性子，表現出不達目的不罷休的毅力。

掌握一定原則以後，進一步來看，想成功地說服客戶，需要運用有效的策略。一般說來，有以下幾項：

● **以情感人**

人是感情的動物，往往以此主宰自己的行為。

說服客戶時，不妨先從感情方面入手，儘量營造出一種平和、熱情、誠懇的氣氛，使雙方能得到感情上的交流。

● **以退為進**

心理學上有個名詞叫「自己人效應」，意思是說與人接觸，要取得人家的信任，就應該先讓對方認可你是「自己人」，如此方能消除陌生感，製造順利溝通的有利因素。

● **尋找溝通點**

與客戶溝通時，先找到雙方的共鳴之處，以此為溝通點，進行下一步的交流，比較容易達成共識。共同的愛好、興趣、性格、情感、方向、理想、行業、工作等，都是很好的溝通點。

● **步步引誘**

　　美國的門羅教授曾發明一種激發動機的說服法，程序如下：

1. 引起對方的注意。

2. 明確對方的意圖，把說服話題引到自己的問題上。

3. 告訴對方怎麼解決，指出具體的辦法。

4. 預測不同的兩種結果。

5. 說明應該採取的行動。

　　在說服的過程中，要儘量站在對方的立場上看問題，直到說服對方為止。與客戶溝通，在遵循原則的前提下進行說服，相信會有出乎意料的好收穫。

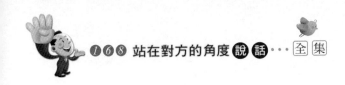

認識向人說不的好「撇步」

外交官們在遇到不想回答或不願意回答的問題之時，總是用一句話來搪塞：「無可奉告。」

拒絕，總是想起來容易，說起來難。當我們想拒絕別人時，心裡總是想：「不，不行，不能這樣做，不能答應！」可是，嘴上卻含糊不清地說：「這個……好吧！可是……」

這種口不應允也不回絕的做法，一方面是怕得罪人，另一方面，也是因為自身不懂得如何拒絕，不知道怎麼說才好。

現在，讓我們一起來學習說「不」的竅門：

• 用沉默表示「不」

當別人問：「你喜歡這部電影嗎？」你心裡並不喜歡，又不想直接表態，便可以保持沉默，或者一笑置之，對方即會明白。

又例如，一位不大熟識的朋友邀請你參加晚會，送來請帖，你可以不予回覆，這行為本身就說明了你沒有參加的意願。

• 用拖延表示「不」

一位男士想和妳約會，在電話裡問妳：「明天晚上八點鐘去吃頓飯，好嗎？」如果妳本身沒興趣，便可以回答：「改天再約吧！我最近都很忙，不是很有時間，真抱歉。」

一位客人請求身為飯店服務生的你替他換個房間，你可以說：「對不起，這得值班經理決定，他現在不在。」

你和妻子一塊上街，妻子看到一件漂亮的衣服，很想買，你可以拍拍口袋說：「糟糕，我忘了帶錢包。」

有人想找你談話，你馬上低頭看看手錶，接著說：「對不起，我還和人有約，改天行嗎？」

以上種種，都是藉拖延表示拒絕的好方式。

●用迴避表示「不」

朋友邀你去看了一部拙劣的動作片，離開電影院後，朋友問：「你覺得這部片子怎麼樣？」

此時，你可以婉轉地回答：「我想我更喜歡抒情點的片子。」

●用反詰表示「不」

你和別人談論近期社會百態，對方問：「你是否認為物價上長過快？」

你可以巧妙地反問：「那麼，你認為增長太慢了嗎？」

●用客氣表示「不」

當別人送禮品給你，而你又不能接受，如此情況下，可以用以下幾種方式客氣地回絕：一是說客氣話；二是表示受寵若驚，不敢領受；三是強調對方留著它會有更多的用途。

●用外交辭令說「不」

外交官們在遇到不想回答或不願意回答的問題之時，總是用一句話來搪塞：「無可奉告。」

生活中，當暫時無法說「是」與「不是」時，也可用上這句話。除此以外，還有一些話可以用來搪塞，諸如「天知道」、「事實會告訴你的」、「這個嘛……難說」等等。

當羞於說「不」的時候，請恰當地運用上述方法吧！

但是，在處理重大事務時，容不得半點含糊，還是應當明確地說出「不」字。一個口才出眾者，應當具備果斷拒絕的能力。

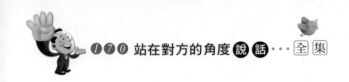

示弱，助你避開可能的災禍

所謂示弱，說穿了，就是強者在感情上體貼暫時在某些方面處於劣勢弱者的一種有效手段。

在事業和競爭中，為了取勝，當然不可以示弱，但在特定情況下公開承認自己的短處，有意暴露某些方面的弱點，是一種有益的處世之道。

示弱，可以減少乃至消除不滿或嫉妒。

事業上的成功者，生活中的幸運兒，被人嫉妒是免不了的，因此，在這種一時無法消除的社會心理之前，適當的示弱可以將威脅作用降到最低限度。

示弱能使處境不如自己的人保持心理平衡，有利於整體的團結。要使示弱產生積極作用，則必須善於選擇內容。

地位高的人在地位低的人面前，不妨表明自己學歷不高，經驗有限，知識能力有所不足，有過種種曲折難堪的經歷，實在是個平凡的人。

成功者應多在別人面前說過往失敗的紀錄，現實的煩惱，給人以「成功不易」、「成功者並非萬事大吉」的感覺。

對眼下經濟狀況不如己的人，可以適當訴訴自己的苦衷，諸如健康欠佳、子女學業不精以及工作中的諸多困難，讓對方感到「家家都有一本難念的經」。

某些專業上有一技之長的人，最好宣佈自己對其他領域一竅不通，坦露在日常生活中如何鬧過笑話、受過窘等。

　　至於完全因客觀條件或偶然機遇僥倖獲得名利者，更應直言承認自己是「瞎貓碰到死老鼠」。

　　示弱，可以是個別接觸時推心置腹的長談，幽默的自嘲，也可以是在大庭廣眾之下，有意以己之短，補人之長。

　　示弱，不僅表現在語言上，還要表現在行動上。

　　自己在事業上已處於有利地位，獲得了一定成功，在小的方面，即使完全有條件和別人競爭，也要儘量迴避退讓。也就是說，事業之外，平時對小名小利應淡薄疏遠些，因為你的成功已經成為某些人嫉妒的目標，不該再為一點微利惹火燒身，應當分出一部分名利給弱勢者。

　　所謂示弱，說穿了，就是強者在感情上體貼暫時在某些方面處於劣勢弱者的一種有效手段。它能使你身邊的「弱者」有所慰藉，心理上得到平衡，減少或抵消前進路上可能產生的消極因素。

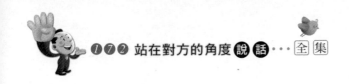

不願低頭道歉，將與人越行越遠

犯了錯後只一味替自己辯白，這種做法絕對是錯誤的，將導致人際關係陷入困境。高明的道歉，比拙劣的強辯好上百倍。

人人都會犯錯，這種時候，及時承認是最聰明的做法。與其等別人提出批評、指責，還不如主動認錯、道歉，更易於獲得諒解和寬恕。

真心實意地認錯道歉，不必強調客觀原因，做過多不必要的辯解，就算確有非解釋不可的客觀原因，也須在誠懇的道歉之後再略為解釋，而不宜一開口就辯解不休。否則，道歉不但不利於彌合裂痕，反而會擴大裂痕，加深隔閡。

當對方正處在氣頭上，好說歹說都聽不進時，最好先透過第三者轉致歉意，待對方火氣平息之後，再當面道歉。

如雙方僵持不下，勢必兩敗俱傷。不妨由當中一方先主動表示歉意，較有可能打破僵局，化緊張為和諧，乃至化「敵」為友。

誠心的道歉，應語氣溫和，坦誠而不謙卑，目光友好地凝視對方，並多用如「包涵」、「打擾」、「得罪」、「指教」等禮貌詞語。

道歉的語言，簡潔為佳，只要基本態度表明，對方也通情達理地表示諒解，就切忌囉嗦、重複。

如果你覺得道歉的話難以出口，可以用其他方式代替。夫妻

吵架後，一束鮮花能冰釋前嫌；放一件小禮物在餐碟旁或枕頭下，可以表明悔意，以示感情不渝。此外，即便不交談，握手也可以傳情達意。

無論如何，千萬不要低估「道歉」之妙。

有些過失是需要口頭表達歉意才能彌補的，也有些過失不但需要口頭表示歉意，更需要改正的實際行動。不管是何種情況，改正過失的行動，都是最真誠、最有力、最實際的道歉。

當然，如果你沒有錯，就不要為了息事寧人而向人道歉。這種沒有骨氣的道歉，對任何人都沒有好處。同時，要分辨清楚深感遺憾和必須道歉兩者的區別。比如你是主管，某一位部屬不稱職，勢必將其革職不可，對這種事，你可以覺得遺憾，但不必道歉。

堅信自己一貫正確，從不認錯、道歉的人，根本交不到朋友，或易交難處，缺乏知心朋友。

有人認為口才好的人不該低頭道歉，因此犯了錯後只一味替自己辯白，這種做法是錯誤的，將導致人際關係陷入困境。

高明的道歉，絕對比拙劣的強辯好上百倍。

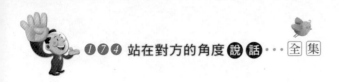

讓寒暄發揮最大功效

 寒暄是交談的媒觸和潤滑劑，它能在交談者之間搭起一座友誼的橋樑，產生認同心理，滿足人們的親合要求。

會說話的人，真的比較吃香嗎？

看看以下這個小故事吧！相信你會得到答案。

幾個人相約來到港灣邊，想觀賞在這裡舉行的帆船賽。可當他們走向堤壩準備觀看時，被員警擋住，說不准上去，因為觀眾已經滿了。

眼看似乎沒有希望，同行的一位女士自告奮勇要再去試試看。大約過了幾分鐘，就看她招呼幾位朋友過去，原來已經打通了員警。

朋友好奇地問她是怎麼辦到的，她回答說：「我先跟他寒暄說，你在這麼熱的陽光下，維持秩序實在很辛苦等等。聊幾句之後，我接著告訴他，我們是來看比賽的，可是只能站在岸邊，根本看不到。於是他說，到堤壩上來吧！這邊看得很清楚。」

這就是言語的作用，即便只是寒暄，都能發揮極佳效果。

寒暄是交談的媒觸和潤滑劑，它能在交談者之間搭起一座友誼的橋樑，因為寒暄能產生認同心理，滿足人們的親合要求。

如何積極有效地展開寒暄呢？一般須注意以下幾個問題：

● 積極的姿態

主動釋出善意，這是讓人感到親切的最好方法。

• 集中注意力

任何漫不經心的言語，都會使對方感到被輕視。

• 善於選擇話題

根據社會學家的研究，與生人見面後的四分鐘內，只宜作一般性的寒暄，如問候，互通姓名，談論無關緊要的話題等，應避免提出易於引起爭論的話題。

至於與老朋友、老同學或熟人相見寒暄，限制則相對的少一些，但還是以控制在某個範圍內為佳。

• 講究方式

與生人初次見面的寒暄，一般需有兩三個問答往復的過程。熟人之間的寒暄，如常見面，往往只需一句話、一個招呼，甚至只需一個眼神、一個微笑、一個手勢即可。如久不見面，則宜有兩三個問答往復的過程。

與別人相遇時，要迅速培養自己的愉快情緒，爭取主動，使對方從你的言行反應中感受到自己的存在，受人尊重的心理需要得到滿足，對你產生好印象。

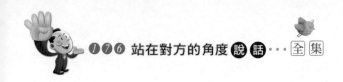

做不成生意，也要心存謝意

現實社會中，絕對能用正確方式將成功奪到手。用誠懇的態度對客戶說好聽的、他們會感動的話，你就會成功。

無論是基層業務員，或者高層的領導者，想成為優秀商人，不僅要感謝現在購買產品或服務的人，還應當同樣感謝那些沒有購買的人。

每個人都是值得感謝的，不是嗎？應該感謝他撥出時間與你見面，感謝他接聽你的電話，感謝他聽你的產品介紹。此外，感謝他們讓你知道了不買某樣產品的原因，讓你看出自己與別人的差距在哪裡。

做不成生意，也要心存謝意。寄封感謝函給選擇不跟你買東西的人，可以的話，儘量跟他們保持聯絡。

別以為這些都是白費工夫，要知道，跟那些潛在客戶做成生意的競爭對手，服務很可能沒有這麼周到。過了一段時間之後，若是競爭對手轉行或表現不佳，你便能成為最具希望的替補人選，接手這一門生意。

這一切，都是言語溝通所達到的妙用。

頂尖的銷售訓練大師湯姆・霍普金斯始終保持一個習慣，就

是隨身攜帶大小約等同一張相片的謝卡，平均每天要寄出五到十封的感謝函，給不願意參加他所舉辦研討會的人、拒絕投資錄音帶訓練課程的企業主，以及其他人。

想想，以一天寄出十封感謝函計算，一年就等於要寄出三千六百五十封，十年呢？就是三萬六千五百封了，多麼驚人的數字啊！

對此，他深感得意地說：「每寄出一百封感謝函，平均能做成十筆生意。也就是說，每一百名潛在客戶，在接受我誠摯感謝的情況下，有十位會改變心意，成為忠誠的會員。可以想像一下，連續將這項技巧運用一整年，最少可以為自己增加多少收入？它足以讓你成為真正的商場贏家。」

「根本不用耗上多少力氣，你只需要提起筆，花大約三分鐘時間寫下一些發自內心感謝的話，然後貼上一張郵票，寄出去。從今天開始做，因為結果不會馬上就顯現，而是於不知不覺中為自己奠下深厚根基。」

湯姆・霍普金斯不僅是全美第一的銷售訓練大師，更是世界房地產銷售紀錄保持者，他的事業成功來自於不斷開發新客戶，以及有效吸引舊客戶回頭。他說：「你所見到的每一個人都有可能成為自己的客戶，帶來源源不絕的財富，關鍵在於究竟該如何爭取。」

現實社會中，很少有一蹴可幾的成就，但絕對能用正確方式將成功奪到手。用誠懇的態度對客戶說好聽的、他們會感動的話，你就會成功。

PART 8

說話能力
決定你的競爭力

與其說推銷語言是一門技術，

倒不如說是一種藝術，

因為一句話可以讓人跳，也可讓人笑。

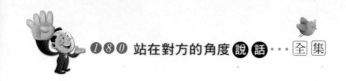

說話能力決定你的競爭力

與其說推銷語言是一門技術，倒不如說是一種
藝術，因為一句話可以讓人跳，也可讓人笑。

　　美國口才專家鮑特說：「在注重自我行銷的商業社會裡，說
話已經成為專門藝術，說話的能力決定一個人做成多少生意。」

　　的確，具有良好的口才，表達能力強又彬彬有禮的人，必然
是商場上的常勝軍。如果你想成為成功的傑出人士，就必須掌握
「把話說進心坎裡」的應對藝術，鍛鍊自己的說話能力。

　　口才是現代社會必備的競爭資本，「站在對方的角度說話」
更是商業社會的成功之道，唯有具備良好的說話能力，才能在商
業社會遊刃有餘。

　　在你看來，高明的語言應用是技術，還是藝術？

　　一位剛進入某百貨公司服裝專櫃任職的女店員，雖然工作之
時笑容可掬、和氣親切，業績卻始終不怎麼樣。

　　她始終不明白，為什麼經過的人多、看的人少，更糟糕的
是，往往她一開口介紹，連那些挑挑揀揀的人都馬上放下衣服離
開。

　　主管也同樣感到疑惑，特地找一天前來專櫃實地了解。

　　不久，一位衣著時髦的少婦走來，對著穿在模特兒身上的洋

裝，躊躇再三，似乎有些心動。那位專櫃小姐一心想要趕快促成生意，便上前說：「這件衣服銷路很好喔！光是今天一早，就賣掉了好幾件。」

沒想到適得其反，那位少婦一聽，扭頭就走，心想既然大家都買，要是穿出去撞衫多麼尷尬，還是算了吧！

一段時間之後，又來了一位中年婦女，拿起一件設計新潮的背心，似乎相當中意。專櫃小姐見狀，馬上又勸說：「這件衣服很有特色，一般人恐怕還穿不了呢！上市之後，一件都沒有賣出去，看來就是適合您這樣的人啊！」

那位中年婦女一聽，竟以為對方在挖苦自己，立刻漲紅著一張臉，氣鼓鼓地快步離開。

為什麼這位敬業的專櫃小姐做不成生意呢？說穿了，就在於說話技巧太差，完全不懂得「站在對方的角度說話」。

若是無法摸清顧客心理，不能因人而宜、恰如其分地打動人心，絕對不可能達到理想成績。言語的影響力遠比想像來得大，可以說，一件商品或一項服務的加分減分，往往都與售貨員的說話技巧脫不了關係。

身為服裝專櫃的售貨員，若是逢人就說：「這件衣服您穿上去，一定更顯年輕。」或許可以滿足部份顧客的虛榮心理，但也可能不知不覺中得罪部分實際年齡並不大的顧客。

所以，與其說語言的運用是一門技術，倒不如說是一種藝術，因為一句話可以讓人跳，也可讓人笑，端看運用是否高明。

如果不能掌握顧客的心理，不能針對他們的需求切入，無法做到「見什麼人，說什麼話」，便難保不會說出「讓人跳腳」的糊塗話。

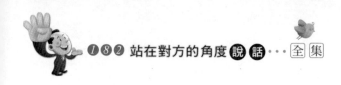

　　面對不同的景況和不同的交談對象，運用最正確的說話態度和語言技巧，往往可以幫助我們快速達成目的。相反的，如果無法掌握說話藝術，非但浪費唇舌，無法達成自己想要的目的，還可能造成彼此誤解，衍生不良後果。

　　不要以為說話沒什麼了不起，口氣往往決定你的運氣。細心研讀並靈活應用說話藝術，會增進你的競爭力，使你成為一個精明的商人、出色的推銷員、成功的企業家，談成別人談不成的大生意。

　　只要時常模擬現代社會中各種常見的場景，勤加演練，就能用正確的方式增強自己的應對能力，增添自己的魅力與說服力。

用不著痕跡的方式做生意

只一味抱持促銷態度，將使得雙方對話無法成立、延續，甚至讓顧客產生反感。如此一來，想當然爾，什麼生意都做不到。

曾有一位經驗老到的推銷員這樣說：「顧客的鈔票，正是最佳推銷員的『選票』。身為一個推銷員，能賺的錢越多，便說明你越出色。」

然而，賺錢不是一件容易的事情。從別人的口袋裡掏錢，總是會讓對方產生心痛的感覺。所以，一個真正出色的推銷員，要能夠利用心理戰術，使顧客心甘情願地掏腰包。

設身處地想想，若是你在觀光時順道前往一家商店，才踏進門，所有店員馬上一擁而上，拿出最昂貴的商品七嘴八舌推銷，必定會讓你內心產生被強迫購買的反感。店員越是熱心，可能激起的反感就越是強烈。

這種推銷能產生好效果嗎？答案絕對是否定的，非但達不到目的，還會適得其反，嚇得顧客從此不願再踏進店內一步，四處告訴別人自己的慘痛經驗。

身為店員，究竟該怎麼「下手」才好？

此時，店員與顧客的對話，應離開「推銷」兩字，轉而由一

些比較輕鬆的、和旅遊相關的、可以引起愉快回憶並拉近彼此距離的事情下手，例如詢問顧客這一趟打算玩幾天、計劃在什麼地方過夜、將拜訪哪些名勝古蹟⋯⋯等等。

對話可以如此開始：「您是什麼時候出發的啊？打算玩幾天呢？唉呀！既然都大老遠來到這個地方，去了那座最有名的山沒有？還有，我們這裡最好吃的名產也別忘了帶上一點回去，無論是當紀念或者贈送親友都⋯⋯」

你會驚訝地發現，從旅行時的樂趣切入，成功的可能性比一味猛推銷要高得多。店員能打開顧客的話匣子，而顧客的樂趣、興奮也可傳遞出來，引起彼此共鳴。透過交談，不知不覺達成推銷目的，是非常高明的方法。

或者，也可以用「建議」方式著手，向顧客說：「住七天啊？那您的東西可得妥善分類裝好才行。這個小包正好適合呢！下車欣賞景點的時候可以裝所有隨身物品，還有足夠空間，就算買了紀念品也不用擔心放不下。」

如此，不僅皮包、皮箱和一些輕便隨身小包可望賣出，其他關聯性商品也能搭「順風車」出售。

如果你從事銷售業務，那麼就應該以正確觀念導正自己的做法──只一味抱持促銷態度，將使得雙方對話無法成立、延續，甚至讓顧客產生反感。

如此一來，想當然爾，什麼生意都做不到。

站在對方的立場說話，才是最恰當的銷售方法。畢竟，得先讓別人愛聽你說的話，才可能進一步達到自己的目的，不是嗎？

喊出名字是關係建立的開始

 讓陌生人成為朋友，以言語打動他人的兩大原則，就是記住對方的姓名，並真心付出關懷。

　　人類行為雖複雜，其中卻包含一個極重要的法則，遵從這個法則行事，就不會惹來棘手的大麻煩，甚至可以得到許多友誼和快樂。

　　這個永恆不滅的法則，就是「時時讓別人感覺自己的重要」。你若是能準確投合人性最深刻的渴求，就等同在對方的感情帳戶內，存入更多有利於生意成交的資本。

　　這些人際應對法則，運用到商業經銷領域，重點很明確，就是「讓顧客感到自己備受重視」。

　　達到這個目的的方法很多，最重要是由兩個面向著手：

● 記住名字

　　名字象徵的意義，不僅僅是表面上的代稱，喊出對方的名字，會讓對方感覺聆聽到世界上最悅耳的音符。

　　可以說，名字是構成個人身份和自尊最不可或缺的要素。人性天生的本能告訴我們，那些能夠記得自己名字的人，一定相對較重視自己。

　　所以，要想以言語敲開他人緊閉的心門，與很難打交道的客

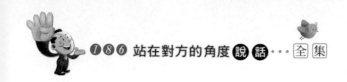

戶建立關係，最簡單也最有效的辦法，就是記住他們的名字。

每當和陌生人或潛在的事業夥伴進行接觸，一定要想辦法探聽出對方的名字，而且務求正確。然後，在談話過程中，你要盡可能地讓自己一有機會就提及他的姓名，以強調對他的重視。

聰明的人懂得見什麼人說什麼話，而毫無疑問，自己的「名字」是人人都愛聽的話。

發萊是一個沒受過中學教育的人，四十六歲那年當上了美國民主黨全國委員會主席，成功地幫助羅斯福登上美國總統的寶座。

他的成功秘訣是什麼呢？

出乎意料，答案竟在於「能夠叫出五萬人的名字」。

無論什麼時候，只要遇到不認識的人，他都會問清對方的全名、家裡人口、職業以及政治傾向，然後牢牢記住。

下一回再遇到那個人，即使已經過了很長一段時間，仍能拍拍對方的肩膀，問候他的妻子兒女，甚至後院栽種的花草。

做到這種地步，有那麼多選民願意追隨，也就不足為怪了。

李小姐是一位經驗老到的業務員，剛剛接手一個地區的業務，立刻前往拜訪一位可能的客戶。

走進某企業的辦公大樓後，她直接找到總經理辦公室，非常自信地走向秘書小姐，伸手說：「您好，敝姓李，請問您是？」

秘書小姐自然不得不伸出手說：「我姓張，請問您有什麼事？」

一來一往之間，李小姐巧妙地得到了對方的名字，並在接下來的談話中不斷提及，立刻讓秘書小姐有一種受到重視的感覺，之後，再請她幫忙安排時段，引見總經理，也就容易許多，甚且

順理成章了。

　　無論你是推銷員或業務員，或者店員，在和陌生人打交道之前，請千萬記住——沒有什麼比記住顧客的名字更重要。

● 真誠關心

　　《伊索寓言》中有一句名言：「太陽的溫和炎熱，要比驕傲狂暴的北風，更容易脫去行人的外衣。」

　　所有在商業社會活動的人都必須認清，顧客絕對不是敵人，更不是討厭的傢伙，而是自己的朋友，或者更直白一點形容，就是自己的「衣食父母」。所以，要做到的很簡單，就是把焦點從「我」轉到「您」身上，把每一個和自己交談的陌生人都當作「朋友」那樣關懷，體會他的喜怒哀樂，解決他的問題，滿足他的需求，說他喜歡聽的話。

　　只要讓對方覺得你是真心對他好，當然會讓你得到應有回報——一筆成交的生意和真正發自內心的感謝。

　　關心別人，並讓別人明確感受，必須做到：

　　1. 真誠自然地對他人心存感激。

　　2. 來到任何一個環境，都不忘向在場的每一個人打招呼。

　　3. 用熱誠、有精神的態度向人致意。

　　4. 設身處地去了解、體會對方的困難與需求。

　　5. 投入時間與精力，為他人多做一些事。

　　比如，一位孤身在外闖天下的人，常常會在假日或節慶時感覺寂寞孤單。那麼，多打幾次電話，或者請他出來參加聚會，將有如雪中送炭般，足以讓他銘記在心裡。

　　如果你聽到客戶驕傲地談起孩子在繪畫比賽中獲獎，下次見

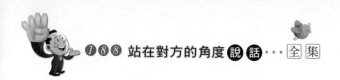

面前，不妨挑一本好的畫冊或一盒好的顏料作爲禮物餽贈，一點小小心意，將是最好的恭維。做到這種地步，還怕對方拒你於千里之外嗎？

　　關懷是一條雙向道，在付出的同時得到收穫。
　　你的誠摯關懷將會如同一股暖流，不斷灌入對方的心田，讓友誼的種子生根發芽，結出令人欣喜的果實。
　　讓陌生人成爲朋友，以言語打動他人的兩大原則，就是記住對方的姓名，並真心付出關懷。

讚美，讓語言更甜美

善用語言的藝術，可以有效提升自己的推銷技術，鞏固人際交往，但也要小心別誤觸對方的「地雷」。

美國總統林肯曾說：「每一個人都喜歡被讚美。」

身為一位店員或推銷員，或者企業經營者，只要你想做成生意，那麼看到客戶所做的某一件事或所得到的成就值得讚美時，一定要馬上提出來，並且告訴他們，你非常欽佩與讚賞。

要知道，對顧客的成就、特質、財產……等等所做的所有讚美，等同提高他的自我肯定，讓他更感到開心，並增加對你的好感和滿意度。

說一些讚美的話，用不了太多時間與太多精力，可以達到的效果卻超乎想像。不過幾秒鐘的時間，人與人之間的關係與情感就能夠大大增進，甚至是一百八十度的完全扭轉。

真心的讚美，可以由以下幾種方式著手：

1. 稱讚顧客的衣著。

「我很喜歡你的領帶，搭起來真有品味。」

「你穿這件毛衣真好看，襯得氣色非常好。」

2. 稱讚顧客的孩子。

「您的兒子真是可愛，而且非常懂事呢！」

「您的女兒好漂亮，她今年幾歲啦？上幼稚園了嗎？」

3.稱讚顧客的行為。

「對不起久等了，謝謝您的體諒，您真是有耐心。」

「自備購物袋嗎？唉呀！您真是太有環保概念了！」

4.稱讚顧客自己擁有的東西。

「這輛車保養得真好啊！出廠很多年了嗎？真的，完全看不出來呢！」

「從這頂帽子看來，您一定是洋基隊的忠實球迷吧！」

以上幾種形式的讚美，往往可以讓顧客感到高興，進而建立起自己的好形象。另外，讚美時，要注意以下細節，避免收到反效果：

1.必須要有實際內容。

沒有實際內容的讚美，聽來會像是嘲弄。比如只說「您好偉大喲」，卻不說原因為何，就顯得酸溜溜，容易令聆聽者不快。

2.從細節開始。

與其只說某件衣服很漂亮，不如明確地說出漂亮在哪裡，例如「這身衣服很好看，尤其是下襬剪裁，很有修飾身材的效果」，就是一種高明的稱讚。

3.切合當下的環境。

若當時天氣很熱，顧客因為衣服穿得太多而猛冒汗，一臉狼狽，你就絕對不能說：「哇！這件衣服多漂亮啊！」

人性共同的弱點是期望獲得別人讚美、欽佩、尊重，因此，說話的最高藝術，就是運用口氣替自己創造運氣。只要你掌握人

性的共同弱點，將自己的話語裹上一層糖衣，既可以激發對方內心潛在的慾望，更可以滿足對方渴望獲得認同的心理，順利地達成自己的目的。

　　善用語言的藝術，可以有效提升自己的推銷技術，鞏固人際交往，但與此同時也要小心，別觸犯那些顯而易見的禁區，或誤踩對方的「地雷」。

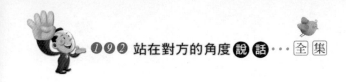

遭到拒絕，不必太氣餒

口氣決定你的運氣，想成功達成目的，不僅要從對方的角度切入，還要有辦法配合場合，說出最適合的話，這才是真正高明的境界。

「成功的銷售，從拒絕開始。」

別懷疑，這句話一點都沒錯，世界上本就不存在不會遭到拒絕的生意。不管產品品質多好，不管說明多麼詳盡，也不管你的推銷技巧有多麼高明，都不可能徹底打動每一個人，恰好滿足他們的需求。

即便是有意願的顧客，在決定購買之前，仍多少免不了產生懷疑、猶豫不決、困惑之類的情緒。

這就是決定銷售是否成功的關鍵，一個好的推銷員、精明的業務員，會馬上看出讓顧客猶豫的原因，並展開進一步說明。

他們懂得站在對方的立場說話，把話說進對方的心坎裡，同時也會視狀況說出能夠滿足對方需求、解答疑惑的話。

但如此就保證成功了嗎？事實上也並不這麼單純、容易。

因此，若遭受拒絕，不論對方態度是多麼的強硬甚至無禮，你都要告訴自己，不可就此被擊倒，反而應該感到高興——無論如何，自己的銷售技巧總是又向前邁進了一步。

潛能大師傅思‧崔西曾經說過：「成功銷售所遇到的拒絕，往往會比失敗的銷售所遇到的多出兩倍。」

那麼，該如何應對拒絕呢？應該遵守以下兩大原則：

- 用心傾聽

讓顧客輕鬆且盡情地表達反對意見，你才有機會找出被抗拒的原因。

- 表示尊重與讚美

對於顧客的拒絕，千萬不要馬上顯得喪氣或憤怒，而應該說：「這是很好的觀點，非常感謝您能提出來，我們會繼續檢討。」

遭到拒絕之時，千萬不要喪氣，而要據此找出自身弱點，調整銷售策略或表達方式，謀求改進。

處理顧客拒絕或反對意見的話術，可以有以下幾種：

1. 我非常能理解您的感受，最開始，我跟您有同樣的感覺。
2. 您說得非常有道理，不過……
3. 請問，您為什麼會有這樣的感覺呢？

當面對拒絕，應秉持五種正確的應對態度：

1. 不把拒絕當作否定，而看作經驗學習。
2. 不把拒絕當作損失，而看作改變方向所需要的有效回饋。
3. 不把拒絕當作痛苦，而看作是自己講了一個笑話。
4. 不把拒絕當作懲罰，而看作是練習技巧並完善自我的機會。
5. 不把拒絕當作受挫，而看作成交前不可少的一部分。

口氣決定你的運氣，想成功達成目的，不僅要從對方的角度切入，還要有辦法配合場合，說出最適合的話，這才是真正高明的境界，也是值得所有在商場奮鬥的人努力的目標。

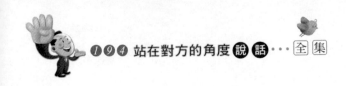

多問，釐清對方心中的疑問

無論是單純的疑問或者別有深意的反問、激問，都能協助你釐清顧客的想法，找出導致推銷困難的問題所在。

推銷，簡單來說，就是主體（主動展開推銷的人員）與對象（接受推銷客體者）進行雙向交流的過程。

而在過程中，經常可以發現有些顧客會不加思索地拒絕，根本連接觸都不願意，因此「推銷是從拒絕開始」絕對半點不假。

身為一個推銷員，遇到這種情況，該怎麼辦呢？

真正稱職且高明的推銷員，不應「退避三舍」，而應「迎難而上」，這種時候，巧妙設問的技巧，就成了掌握成敗的關鍵。

提問，可以消除雙方的強迫感，緩和商談氣氛，並藉以摸清對方的底牌，也讓對方了解「我」的想法。除此之外，還可以確定推銷進行的程度，了解顧客的障礙所在，尋找最適合的應對措施，反駁並澄清歧見。

提問無疑是推銷應對中最有力的手段，一定要熟練掌握、運用。

當我們聽到「不要」、「今天不買」、「再說吧」等推託詞，便應使用「問」的技術，找出隱藏在拒絕之後的真正因素。

通常，推銷會遭到拒絕，探究顧客的想法，多不脫以下幾種原因：

　　1. 時機不理想。

　　2. 價格超出了預算，無力負擔。

　　3. 不喜歡推銷員的表現。

　　4. 素來就對這個品牌或製造商沒有好感。

　　5. 已經訂購了性質、功能相同或類似的產品。

　　6. 真正無意購買。

　　拒絕並非完全無法「擊破」，針對以上幾種情形，分別可以透過以下方式設問，以求了解實際情形：

　　1. 您是不是認為目前沒有必要買？

　　2. 價錢方面是否滿意？

　　3. 關於我的說明，有沒有不清楚、需要進一步了解的地方？

　　4. 您認為這種款式如何？

　　5. 您是否已經向其他公司訂購了呢？

　　6. 對這個商品，您不感到興趣嗎？

　　如果遇到顧客直接拒絕推銷，而且態度堅決，不妨針對提出的反對意見，採取直接詢問來突破困境，先了解真實想法，再求對症下藥。

　　顧客：「實在太貴了！」

　　推銷員：「那麼，您認為怎樣的價格較合理呢？」

　　一旦顧客講出自己所認定的合理價錢，就要馬上從專業的角度進行澄清，例如由產品功能、品質及售後服務切入，強調定價的合理性，說服對方接受。

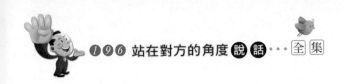

　　此時，大可繼續運用設問法，達到「誘導」功效，例如可以說：

　　「的確，兩萬元不是筆小數目，可是這種產品的平均壽命都在十年以上，如此平均下來，只要一天省下少部分錢就可以了，不至於造成沉重負擔。」

　　「您所考慮的是價錢問題吧？不過換個角度想，一分錢一分貨，不是嗎？此外，既然是好東西，就值得早一步投資購入，早一點享受。優惠是有時限的，一旦錯過，以後想要再碰到就不容易了。相信我，這絕對划算。」

　　問的方式有很多，無論是單純的疑問或者別有深意的反問、激問，都是推銷時的好幫手，能協助你釐清顧客的想法，找出導致推銷困難的問題所在。如此一來，再透過言語對症下藥，效果當然更好。

講究說話態度，才能打動客戶

說話不僅是在交流資訊，同時也是在交流感情。抱著執行例行公事的態度，說出來的話是沒有情感的，除非打從心底說出口，否則不可能打動顧客。

服務用語是推銷工作的基本，怎樣使每一句服務用語都發揮最佳效果，就得看推銷員講話的藝術性。

服務用語不能一概而論，應該根據推銷性工作內容的服務要求和特點，靈活地掌握。

推銷中常用的基本用語很多，這裡列舉數例：

1.迎客時說「歡迎」、「歡迎您的光臨」、「您好」。

2.對他人表示感謝時說「謝謝」、「謝謝您」、「謝謝您的幫助」。

3.接受顧客的吩咐時說「明白了」、「清楚了，請您放心」。

4.不能立即接待時說「請稍候」、「麻煩您等一下」、「馬上就來」。

5.對在等候的顧客說「讓您久等了」、「對不起，讓您們等候多時了」。

6.打擾或給顧客帶來麻煩時說「抱歉」、「實在對不起」、「打擾您了」、「給您添麻煩了」。

7.由於失誤表示歉意時說「很抱歉」、「實在很抱歉」。

8.當顧客向你致謝時說「請別客氣」、「不用客氣」、「很高

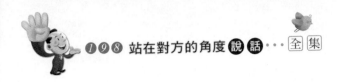

興為您服務」、「這是我應該做的」等。

9.當顧客向你致歉時說「沒有什麼」、「沒關係」、「算不了什麼」。

10.聽不清楚顧客問話時說「對不起，請您重複一遍好嗎」。

11.送客時說「再見，一路平安」、「歡迎您下次再來」。

12.當要打斷顧客的談話時說「對不起，我可以佔用一下您的時間嗎」、「對不起，耽擱您的時間了」。

在推銷接待中，使用禮貌用語應做到自覺、主動、熱情、自然和熟練。把「請」、「您好」、「謝謝」、「對不起」等最基本禮貌用語與其他服務用語密切結合起來，加以運用，將會使進展更順利。

推銷員該如何正確使用禮貌服務用語？

歸納起來，大致有以下幾點，值得我們在運用中特別注意：

1. 注意儀態。

每一個推銷員都應注意說話時的儀態。與顧客對話時，首先要面帶微笑地傾聽，並透過關注的目光進行感情的交流，或透過點頭和簡短的提問、插話，表示你對談話的注意和興趣。

為表示對顧客的尊重，一般應站立說話。

2. 注意選擇詞語。

在表達同一種意思時，由於選擇詞語的不同，有時會有幾種說法，由於方式不同，往往會給顧客不同的感受，產生不同的效果。例如，「請往那邊走」使顧客聽起來覺得有禮貌，如把「請」字省去了，變成「往那邊走」，在語氣上就顯得生硬，變成命令，

這樣會使顧客聽起來感到刺耳，難以接受。

另外，在服務中，要注意選擇客氣的用語，如以「用飯」代替「要飯」，用「幾位」代替「幾個人」，用「貴姓」代替「您姓什麼」，用「去洗手間」代替「去大小便」，用「不新鮮，有異味」代替「發霉」、「發臭」，用「讓您破費了」代替「按規定要罰款」等等。

這樣，會使人聽起來感到文雅，免去粗俗感。

3. 注意語言簡練。

在推銷過程中，與顧客談話的時間不宜過長，因此需要用簡練的語言進行交談。交談中，推銷員如果能簡要地重複重要內容，不僅表示對話題的專注，也使對話的重點得到強調，使意思更明白，減少誤會。

4. 注意語言音調和語速。

說話不僅是在交流資訊，同時也是在交流感情。

複雜的情感往往透過不同的語調和速度表現出來，如明快、爽朗的語調會使人感到大方的氣質和親切友好的感情；聲音尖銳刺耳或說話速度過急，使人感到急躁、不耐煩的情緒；有氣無力，拖著長長的調子，則會給人矯揉造作或虛弱之感。

因此，與顧客談話時，掌握好音調和節奏是十分重要的，應該透過婉轉柔和的語調，創造和諧的氣氛和語言環境。

基本服務用語是推銷服務人員的基本功，抱著執行例行公事的態度，說出來的話是沒有情感的，除非打從心底說出口，否則不可能打動顧客。

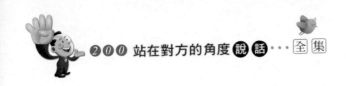

善用電話，對客戶說些好聽話

在顧客喜歡的時間，用他們喜歡的方式，說些好聽的話，才能夠如願收到打動人心的效果，為自己的成功鋪路。

　　一位優秀的推銷員或業務員，每達成一筆交易，都應該明確向客戶表示自己的謝意，而且最好不只一次，要透過不同的媒介進行。目的很簡單，就在使客戶感到高興，進而為下一次生意打下根基。

　　最常見的致謝方式是感謝函。感謝函的撰寫方式，可以參考下列範例：「某某先生小姐您好，感謝您選擇了我們的產品。以後的使用當中，若有任何疑問或者有什麼需要我為您服務的，請隨時以電話告知，我一定全力以赴。再次地感謝您，祝您愉快。」

　　另外，做成一筆生意後，不僅業務人員本人該打個電話感謝，還可以視交易內容重要性，彈性決定是否該請老闆親自表達感激。

　　曾有不止一位企業家表示道：「每當接到提供服務的業務員或公司老闆打來的感謝電話或簡訊，我總是非常感動。當然，我也會因此更願意與那家公司繼續合作。不為什麼，就因為這樣的話人人愛聽啊！」

　　美國一家家電用品公司總裁萊里・哈托，在這一方面的表現

便非常出色。他會親自撥電話給每一位重要客戶,向他們說:「您好,我是某某公司的總裁,非常感謝您願意與我們進行生意合作。您絕對是敝公司最重要的客戶之一,若是對服務或產品有任何意見,或有問題需要討論,都歡迎隨時打電話給我。」

萊里‧哈托甚至會直接告訴客戶自己的電話號碼,表明歡迎聯繫。

你可能不相信或不認為一位總裁的電話可以產生多大影響,因為從來不曾接過類似的電話,但可絕對別小看了言語和身分相輔相成後,可以產生的威力。想像一下,若今天你身為消費者,接到一位總裁親自打來的電話,內容先是感謝,而後又殷切詢問是否對產品或服務感到滿意,那種窩心的感覺,絕對足以給人極好的印象。

展開言語溫情攻勢前,別忘了詢問客戶究竟喜歡什麼樣的聯繫方式,是電子郵件、手機短訊,還是電話呢?同時你還要慎選恰當的時間,如果可以,儘可能避開清晨、深夜、上下班時間,避免造成困擾。

每一位客戶的個性都是獨特的,有差別的,所以在表示感謝之前,最好先了解對方喜歡的聯繫方式和時間,以免產生反效果。唯有在客戶感到方便的時候,按照他們喜歡的方式進行聯繫,才會讓他們以更喜悅的心情和友善的態度接受你的善意。

在客戶喜歡的時間,用他們喜歡的方式,說些好聽的話,更才能夠如願收到打動人心的效果,為自己的成功鋪路。

PART 9

只要方法正確，
就能有效取悅

只要方法正確，大部分的顧客很容易感到愉悅。

請先讓禮貌成為你的外貌，

再使用適當的說話方式，

面對每個不一樣的人。

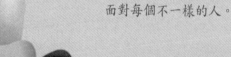

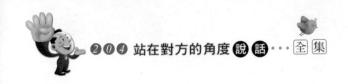

用誠懇道歉化解顧客的抱怨

化解顧客抱怨的不二法門，就在於用最快的速度表達歉意，聆聽顧客需求，並做出迅速確實的反應。

你是否發現了一個現象？抱怨，不僅是顧客的專利，同時也是顧客的愛好，即使你已經將服務做得非常好，仍不可能完全避免。

既然如此，就應該學習用正面、積極的態度看待，並嘗試用較好的言談與態度加以化解。

其實，聽到顧客抱怨是件好事，因為換個角度想，它其實表示了顧客願意跟你來往，讓你理解他們的想法，當然，也就極有可能繼續跟你做生意。

你也可以藉由聆聽顧客的抱怨來改善自己的產品或服務品質，提升競爭力，從而贏得更大的市場。

許多人不知道，事實上，不抱怨的顧客才是真正的「隱患」。

據美國一家知名研究機構的調查，遭受到不滿意的服務，有九十六％的顧客不會當場提出抱怨，但這代表諒解或不在意嗎？當然不是。他們會換個方式，把自己的不愉快經歷告訴其他所有的人。

世界一流的銷售訓練師湯姆·霍普金斯說過：「顧客的抱怨，

是登上銷售成功的階梯。它是銷售流程中極為重要的一個環節，而你的回應方式，則將直接決定結果的成敗。」

必須學習能夠有效處理顧客抱怨的正確話術，以下，是一些技巧策略與範例的提供：

● 範例一

顧客：「你們的產品品質太差了，根本就不能用！」

售貨員：「先生，真的非常抱歉，可以請您告訴我是碰上了什麼樣的狀況嗎？讓我看看該如何彌補您的損失。」

● 範例二

顧客：「你們的辦事效率太差了！」

業務員：「真的很抱歉，您的心情我非常了解。感謝您的提醒，這種事情不會再發生了，我們一定會徹底改進。」

● 範例三

顧客：「你們的價格也未免太高了吧！」

店員：「一開始我也跟您一樣，覺得價格太高了，可是在我自己使用過之後，就發覺到價值所在。這個定價是很值得的，一分錢一分貨，請您相信，買了之後絕對不會後悔。」

● 範例四

顧客：「你們的客服電話總是沒人接，叫我怎麼相信你！」

業務員：「對不起，實在非常抱歉，我想可能是正好碰上什麼事情，或者因為已經是下班時間。以後有任何需要，您可以直接打手機跟我連絡，我一定會用最快的速度幫您解決。至於這件

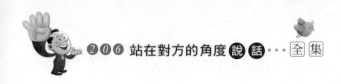

事情，我也會向公司反應的，謝謝您。」

　　看完以上範例，相信你應了解到表達歉意，理解原因，進一步找出補救方法，便是化解抱怨的不二法門。

　　成功化解顧客的抱怨，就等於爭取到一筆更穩固、更寶貴的生意，價值無可比擬。所以，你必須用最快的速度向顧客表達歉意，聆聽顧客需求，並做出迅速確實的改進。

　　面對不滿甚至憤怒的顧客，誠懇的道歉就是最好的話語。

善用誘導讓顧客掏出腰包

採用誘導式的說話方式，目的就在於讓顧客不感到壓力與排斥，在根本不自覺的情況下，乖乖掏出腰包，將鈔票送到商家的手上。

　　一般而言，推銷員推銷商品的過程，只有一段短短的時間。在可能不過數分鐘的時間裡，你說出的話若能留住顧客並打動他的心，生意就算成交；留不住，買賣自然也就吹了，什麼都不用再談下去。

　　此外，在市場競爭中，該如何突出自己，把顧客吸引到身邊？答案很簡單，就是與眾不同的鮮明語言。一切的一切，都在要求推銷人員以具強烈誘惑性和渲染色彩的方式對顧客說話。

　　試著學習從言語中抓出重點，是提升說話技巧的好方法。
　　你可曾注意過？在大清早的市場上，魚販子的喊叫最初可能是「來買活魚，全都是新鮮的喔」，並設法極力突出「新鮮」二個字。但是，到了下午，眼看即將收攤，則可能變成「快來買呀！別地方沒有的便宜價錢唷」，此時，則在突出便宜這個重點。

　　推銷過程中，採取「誘」的技巧方式有很多，基本說來，可分為「層層誘導」和「定向誘導」兩種。

● 層層誘導

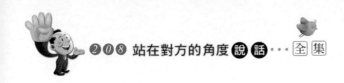

層層誘導，是指業務員根據顧客的購買心理，掌握推銷導向，不斷誘惑人的一種發話技巧。

無論是選擇逛商店、看電影，很多時候往往是因為情緒的驅使，而非一定基於什麼特別的購買目的。當這一類的潛在消費者上門，最好適時送上一句：「歡迎看看喔！不買也沒有關係。」

邊這樣說，邊拿出商品展示，引發更進一步了解的興趣。

然後，當顧客開始試穿或試用的時候，一定得再補上幾句得體的誇獎，諸如：「這顏色多適合您啊！襯得氣色非常好。」

從心理學的角度來看，人都喜歡接受他人的尊重與讚揚，推銷過程中，適時的奉承可以使顧客感到滿足。這時，伺機告知價格，並表示正有優惠活動，將可望激起購買慾望。

若是順利成交，別忘了再說上一句：「您真有眼力，很識貨啊！」

層層誘導的發話藝術，必須遵循一個原則——不讓對方感受壓力，輕輕地、一層一層地推動，誘入推銷導向，促使完成購買行動。

● 定向誘導

定向誘導，是指店員有目的地誘導顧客，以做出定向回答的技巧。

例如，有一家專賣漢堡的早餐店，因為生意很好，特別雇用了兩名店員。其中一人在接待顧客時，會問：「請問您要不要加雞蛋？」

另一人則不同，他會問：「請問您要加一個蛋，還是兩個蛋？」

問話的方式不同，造成的結果就會完全不同。哪一個店員能

買出較多的蛋,達到較高的銷售成績呢?答案幾乎不言可喻。

　　第二種發話方式,就屬於標準的「定向誘導」。

　　「要不要加雞蛋」這一句話充滿了不確定性,而「加一個還是加兩個蛋」正好相反,有非常明確的定向,可以有效誘導顧客,提高擴大銷售的目的。

　　說話要看對象,當然也要看情況。

　　採用誘導式的說話方式,目的就在於讓顧客不感到壓力與排斥,在根本不自覺的情況下,乖乖掏出腰包,將鈔票送到商家的手上。

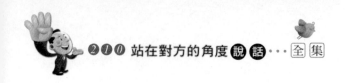

誘導用得巧，生意自然更好

 假若你是推銷員，能不能熟練地運用「誘」的技巧，達成目標？如果沒有把握，請從現在開始揣摩，並訓練自己。

讓顧客不知不覺、心甘情願地購物，正是誘導技巧的高明處。

日本豐田汽車公司旗下的一名推銷員，在美國底特律汽車市場，面對一群徘徊猶豫的顧客，是這樣說的：「現在油價居高不下，買轎車當然不怎麼合算。說老實話，我上個月才為此買了一輛自行車，打算以後靠騎車上下班，省下那一筆嚇人的油錢開支。」

「買車之後的第二天，我便興沖沖地跨上它，往辦公室出發。沒想到路程竟然比想像遙遠許多，花上整整兩個小時才到公司！我的天哪！一進辦公室，我就癱在桌前，根本沒有力氣走動。」

「熬到下班，又是一場折磨的開始。全身骨架已經跟散了一樣，拖著沉重的腳步走到門口，才想起還得要頂著風騎車回家去。那個當下，我傷心得簡直想要大哭一場。」

「於是，我明白了一個真理——無論如何，一台代步的轎車都絕不能少。既然如此，那就買省油的車吧！本公司的車向來以省油出名，而且價格便宜，絕對是最實惠的選擇。」

一席話說得顧客紛紛稱道，銷路由此大增。

　　又例如，某一天，一位客人來到一家繡品商店，想要為新婚的好友購買一床繡花被面作為贈禮。

　　對著店內五彩繽紛的繡花被面看了半天後，他終於挑中其中一床繡有一對白頭翁的被面，但再仔細一瞧，又顯得有點猶豫，自言自語說：「這一對鳥很漂亮，但就是嘴巴太長了一點，感覺像是夫妻吵嘴，不太適合。」

　　店員聽到後，立刻笑瞇瞇地說：「您看見了嗎？這兩隻鳥的頭頂是白的，象徵夫妻白頭偕老。嘴巴之所以伸得長，是因為牠們在說悄悄話，相親相愛的表示，很喜氣的。」

　　這位顧客一聽，頓時放下心中的石頭，連連點頭說道：「有道理，有道理！」高高興興地掏錢買下了這床繡花被面。

　　汽車推銷員用自己的切身經歷誘導顧客，具有很強的渲染力，難怪大家願意當買轎車的「傻瓜」。一床繡花被面，顧客愛不釋手，但對構圖心存疑慮，店員適時進行定向誘導，扭轉顧客心中的既定認知，自然說得對方點頭稱是。

　　以上兩個故事，都是「把話說到對方心坎裡」的最好例證，聽來雖然再簡單不過，卻含有相當的技巧。

　　假若你是推銷員，能不能熟練地運用「誘」的技巧，達成目標？

　　如果沒有把握，請從現在開始揣摩，並訓練自己。

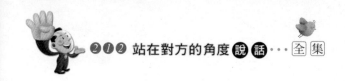

運用對比，增強自己的說服力

任何一種商品都有優點，自然也免不了有弱點，因此，在採用對比手法推銷自家商品時，首先要注意以事實為依據。

俗話說「不怕貨比貨，就怕不識貨」，套用在商業交易上，展開推銷的時候，除了說明，不妨再用同類產品或假冒的偽劣產品進行對比，讓客戶在過程中感受到差別，再以言語推波助瀾，絕對可有效增加說服力。

一名顧客向售貨員說：「你們的產品實在太貴了。」

推銷員一聽，笑著搖頭：「不會的，一點也不貴。您看，這是維修中心的統計表，我們所售出的產品，維修次數不過只有同類產品的十分之一。因此，絕對有一定的水準保證，非常值得。」

三言兩語便化解了疑慮，同時進一步肯定自家產品的品質，非常高明。

善用「比」的推銷術，特別能夠突顯差距，使顧客看清購買後可能得到的利益，增加對推銷員本身以及品牌的信任感。

以下這一段對話可供參考：

「這價格太貴了！」

「怎麼會呢？那您認為如何定價比較合理？」

「我有看到同樣的東西，才賣一千四百元呢！」

「請問是哪一家的產品？」

「就是最近剛上市的某某牌。」

「唉！您知道那個牌子為什麼可以只賣一千四百元嗎？我告訴您吧！與我們的產品相比，他們無論是功能、品質，甚至是售後服務，都完全不如。一分錢一分貨，之所以能夠把價錢壓低，當然是因為……」

任何一種商品都有優點，自然也免不了有弱點，因此，在採用對比手法推銷自家商品時，首先要注意以事實為依據，千萬避免言過其實，否則萬一謊話被揭穿，場面將非常難堪。

其次，對於同類商品的弱點，未必需要直接攻擊，也可以改由另一個角度進行解說，力求能既符合事實，又掌握分寸。如此，將可望成功達到把商品推銷出去的最終目的。

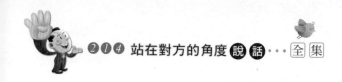

連說帶演，效果更明顯

推銷商品時，先讓顧客們盡情嘗試，再以動聽的言語打動，是征服不安和懷疑心理的妙招。

有的問題，僅憑三寸不爛之舌還是難以說明白，這時候，就該採用實物、圖片、模型加以說明示範，以求充分展現商品魅力。

生動的演示配上動人的言語，將使推銷更具吸引力和說服力。

一位推銷員走進客戶的辦公室，打過招呼以後，指著一塊沾滿污垢的玻璃，有禮貌地說：「請允許我用帶來的清潔劑擦一下。」結果，由於毫不費力便把玻璃擦乾淨，立即引起了客戶的興趣，一筆生意自然手到擒來。

一個推銷員是這樣演示自己所推銷的產品：

「太太，請您注意聽一聽。」他一面說，一面掏出打火機點火。「能聽到打火機的聲音嗎？聽不清吧！這台的縫紉機發出的聲響，就和這個打火機的聲音一樣大。所以，您根本無須擔心，我們公司所生產的縫紉機，無論品質或功能都堪稱獨一無二。」

以打火機點火時的聲音比喻，說明自家縫紉機聲音極小的優點，從而吸引顧客點頭購買，是生動且高明的招數。

　　某公關諮詢公司的章先生，到傢俱商場去推銷一項計劃，一張口就吃了「閉門羹」，經理直接拒絕了邀請。儘管尷尬，章先生卻只是笑笑說：「沒關係，那我就當您的顧客，走走逛逛吧！」經理不能不表示歡迎，於是帶著他四處參觀。

　　看過所有商品之後，章先生指著一張進口床，詢問銷路如何，經理歎道：「不怎麼樣，可能因為是新品牌吧！顧客最開始總是不太敢下手訂購。」

　　章先生一聽，立刻出了個「點子」：在樓梯口放一張床，再豎立告示牌，上面寫著「踩斷一根簧，送您一張床」。

　　經理也覺得很有趣，便高興地照辦了。結果，顧客進店先踩床便成為該商場最特別的「銷售即景」，效果可想而知。

　　幾天之後，經理主動宴請章先生，表示願意加入公關計劃。

　　美國化妝品女王艾絲蒂，一九六〇年代致力於擴展歐洲市場，卻總是不斷被那些高級商店拒絕，相當不順利。

　　一天，她來到巴黎拉德埃百貨公司門口，正好遇到下班時間，購物的人潮摩肩接踵。眼見機不可失，她當即狠下心來，把隨身攜帶十多瓶「青春的潮氣」香水全部倒在地板上。

　　很快，百貨公司內便香味撲鼻，芬芳四溢，許多顧客都被吸引過來，艾絲蒂趁機以三吋不爛之舌展開介紹，大肆宣傳。她的舉動引起人群中一位記者注意，便在第二天的報紙上寫了一篇專門報導。從此，艾絲蒂的香水在巴黎名聲震響，一路暢銷。

　　透過這些例子，我們可以歸納出一個結論：推銷商品時，先讓顧客們盡情嘗試，再以動聽的言語打動，是征服不安與懷疑心理的妙招。

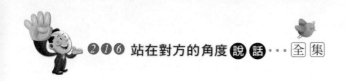

只要方法正確，就能有效取悅

只要方法正確，大部分的顧客很容易感到愉悅。請先讓禮貌成為你的外貌，再使用適當的說話方式，面對每個不一樣的人。

　　一個推銷員不但要有良好的專業知能，而且還必須掌握幾種絕招，才能在商場上遊刃有餘。

　　以下有四項絕招，強大的潛在效果往往被忽略，可是一旦做到了，甚至成為習慣，效果便相當驚人。雖然一時可能得不到明顯的回饋，累積個幾次，良好的效應便會在客戶心中滋長。

● 微笑

　　在顧客面前，流露出自然而甜美的微笑，不僅給人親近、友善、和悅的感覺，也讓人在心中留下美好難忘的第一印象。留下美好的第一印象，就是踏出成功的第一步。

　　微笑的技巧是要掌握分寸，淡淡一笑，真誠的態度，微微地點頭，既不能做作，也不應過分，出自內心的笑容才是自然的。

　　一次完美的微笑，可以讓對方感到親切，進而產生好感，下一步的銷售活動就可順利地進行了。

● 傾聽

　　傾聽是對發言人的尊重與禮貌，對談話內容有興趣，同時表

示聽話人的誠意。傾聽對發言人來說，使他滿足了發表欲；對一個心中有苦悶的人來說，不僅發洩了積怨，進而會將對方看作「知己」。

傾聽，對於一位不滿的顧客更是重要，推銷員必須誠意地傾聽，才能使顧客心悅誠服，化抱怨為祥和。

傾聽的技巧如下：

1. 眼睛要注視對方，眼睛除能看物外，還會產生感情，用這種感情與顧客互相交流，效果最好。

2. 臉部要表示出誠意與興趣，無論對方談話內容如何，必須真誠、有興趣地聽下去，使對方引為知己。

3. 對方未說完話不可中途打斷，就算有意見或疑問，也別在對方尚未說完時插嘴，這是最不禮貌且易惹人反感的。

● 讚美

到一個陌生的環境中，可以環顧四周，然後適當地加以讚美，例如「哦！您的房間真乾淨、清爽」、「您家的擺設淡雅舒心」、「實在富麗堂皇」、「非常古香古色、幽雅大方」等等。

讚美必須由遠而近，從物到人，由衷地發自內心，不能強裝、做作，更不能阿腴奉承。

成功推銷員的共同特點，就是引起顧客的好感，接下去什麼事都好商量。

● 多說「請」和「謝謝」

不管感謝任何人所做的任何事，都會讓客戶的自我肯定度上升，你會讓他覺得自己更有價值也更重要。

同時，自己也會得到好處。每次你向客戶表達感謝時，你的

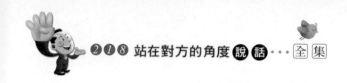

自我肯定度也會隨之提升，你會覺得更加快樂、覺得更有自信及勇氣，會覺得做事更有效率和效果，對自己的成功更有把握。

一定要養成隨時隨地感謝他人所做所為的習慣，對客戶的禮貌一定要真誠。你是否有禮貌，別人一清二楚，你不僅要對客戶有禮貌，多說「請」或「謝謝」，同時也要對客戶公司上下每個人都保持禮貌。這種舉止行為，讓客戶在公司同事面前覺得有面子，客戶會很高興你這樣做。

或許，過分的禮貌會讓你覺得自己像是個小學生，或許看起來有些老套，而且顧客也未必像你一樣有禮貌，但是你要了解，禮貌本來就不是顧客的職責。中國有句俗話說「禮多人不怪」，需牢記在心。

「請」和「謝謝」是與顧客建立密切關係以及提高顧客忠誠度的有力言辭，這些話不僅容易說出口，也非常值得努力去說。

你與顧客的關係永遠要保持和諧、融洽，為了創造互相愉悅的環境，多說「請」和「謝謝」，就是一種非常好的方法。

其實，顧客並不難取悅，只要方法正確，大部分的顧客很容易感到愉悅，只有極少數是徹底不可能被取悅。

人際交往的最高原則就是求同存異，每個人都有他的獨特之處和人格魅力，我們要學會欣賞每個人的不同之處，了解他們。

禮貌是最容易做到的第一步，請先讓禮貌成為你的外貌，再使用適當的說話方式，面對每個不一樣的人。

一旦說出口，就要信守承諾

產品銷售，需要成功的廣告和宣傳手段，但最能打動人心、最受顧客歡迎，還是可靠、守信的態度和服務，真誠易感動人的言語。

作家惠特尼曾經如此寫道：「說好一句話，有時候比做好一件事更容易獲得別人的重視。」

這個說法同樣適用在商業場合。在注重自我行銷的商業社會裡，說話已經成為專門藝術，說話的能力決定一個人擁有多少好運氣。

不過，千萬不要輕易許諾，因為一旦許了諾言，便無論如何都要信守。必須在顧客心中留下遵守諾言的印象，這樣，自身的產品與服務才會受到注目。

信守諾言是一種美德，但有許多人對自己說過的話根本不在乎，不當一回事。結果，當然因為不負責任，在顧客心中留下極差的印象。

如果你說過要做某件事情，就一定得辦到，要是辦不到，或覺得可能得不償失，或根本不願意去做，就絕對不可以開口承諾。若是沒有把握，大可以找一些藉口來推辭，千萬不要說「我試試看」，要知道，說了試試看而又沒有做到，留給對方留下的印象絕對不可能有多好。

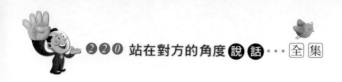

你的信用能否給予顧客良好印象？

你是否信守自己的諾言？你是否總太輕易許下承諾？

你值不值得他人委以重任？還是說，總忘掉別人委託之事？

當顧客打聽公司產品的相關資訊時，你傳達了多少錯誤消息？或者，顧客向你索取樣品，種種關於宣傳的簡介，你卻提供根本不實或過期的資料？

無論以上哪一種，都是非常要不得的行為。

信守約定，聽來似乎簡單，真正做起來卻相當困難，只要稍有疏忽，就可能無法兌現。有時候，你可能自作聰明地認為別人不需要你的服務，或抱有僥倖心理，認為顧客一定能夠原諒自己犯下的疏失，種種心態都明白顯示了自身的投機、消極，只會讓人更加看不起。

這樣的態度，無論作為領導者或者小店員，可能受到顧客信賴嗎？說出來的話，能夠打動他人嗎？非常值得懷疑。

和顧客面對面交談時，千萬別輕易許諾，而一旦許了諾，便絕對遵守。秉持這樣的態度，顧客就會被你打動，認為你是一個守信者，從而產生信賴、依靠，相信並願意聆聽你說出的每一句話。如此，在生活中、在商場上，自然戰無不勝，攻無不克。

不論在任何場合，自身信用越好，就越能成功地將服務或產品推銷出去，從而開拓更多客源，累積更豐厚人脈。

所以，你必須重視自己說過的每一句話，講話算數的人總是比較容易在社會立足，而食言則是最不好的習慣。

不管你推銷什麼產品，不管你使用的推銷策略如何，都要對

自己所說的話負責，藉行動說服顧客，讓他們親眼看到你的所做所為全出於他們的利益。為了遵守諾言，你必須暫時放棄自身利益，以誠實可信、值得尊重的面孔出現。

在推銷服務或產品時，你是否信守承諾？如果以前沒有，請從現在開始執行，你將發現自己的成績比以往更好。

產品銷售，需要成功的廣告和宣傳手段，但最能打動人心、最受顧客歡迎的，還是可靠、守信的態度和服務，以及真誠易感動人的言語。

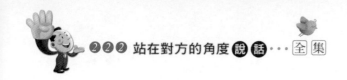

一肩承擔所有的風險

說出假話，或者做出有漏洞且不真誠的保證，可能帶給自己的傷害，絕對比不做任何保證更大。

　　要消除顧客購買之後可能擔負的心理或情緒風險，最好的方式，就是提供保證，你必須承擔客戶可能遭遇的所有風險。

　　萬一向顧客做了承諾或保證，最終又沒有實現，該怎麼辦呢？可以採行的策略有以下兩種：

　　1.誠懇道歉，對不滿意之處予以補償。

　　2.如果顧客要求退費，提供金錢上的加倍賠償。

　　有一位出版商，不僅主動向客戶提供不滿意就退費的服務，而且還願意替客戶訂閱競爭者的出版品。

　　之所以這樣做，是因為他對自己有絕對信心，客戶接觸到其他人的服務後，非但不會轉移喜好，反而更體會到他的優點。如此一來，他自己和所有客戶都成了大贏家。

　　曾經有一位專門經營貓眼石的珠寶商，向顧客提供了一個極為貼心的保證：任何一個向她購買寶石的人，不管將寶石帶到何處，甚至包括贈送給朋友，只要有不滿意，或者單純中途改變主意，一年之內，費用都可完全退還。放眼全國珠寶商，根本沒有人敢提出相同訴求，她自然大獲全勝。

　　也有一位知名的糖果製造商，在產品的包裝紙上印有「保證滿意」字樣，如果購買後感到不滿意，只要將包裝紙以及一張解釋為何不滿意的說明寄還，就可以得到退款。此外，公司還會附上另一包不同口味的糖果。如果顧客仍舊不滿意，他們會再送一包，直到你明確表示不需要為止。

　　還有一家生產美容化妝品的公司，給顧客的承諾如下：「如果您使用我們的產品，九十天內沒有看起來更年輕、更亮麗，皮膚更光滑、更有彈性，我們無條件退款。您對產品表現不滿意，我們就絕對不配拿您的錢，您更有權利要求我們在任何指定的時間內，將費用百分之百退還。」

　　毫無疑問，提出這樣大膽的訴求，需要以足夠的品質作為保證。事實上，可以想見，這家美容化妝品公司的產品絕對有一流水準，以及非常效果。

　　任何事情都是互相的，如果你的產品或服務夠水準，顧客反應自然會跟著變好。你說出的話、提出的保證越堅定，能引發的期望值當然越高，也就會有越多人光顧。

　　但這不代表可以用謊言騙人，相反的，保證絕對必須真誠，並且負責到底。切記，說出假話，或者做出有漏洞且不真誠的保證，可能帶給自己的傷害，絕對比不做任何保證更大。

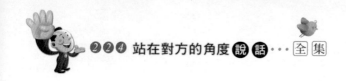

經驗就是最好的訓練

 應適當地培養自己的口才，因為無論在任何一個領域，好口才都能夠帶來幫助，拓寬自己的路。

任何理論或策略，若不能和真實生活結合，便沒有意義。同理，光是學習種種交談、推銷技巧還不夠，更要設法增加自己的「實戰經驗」。

就讀大學的李金安趁暑假前往親戚開設的服飾店工讀，便親身體驗了推銷的甘苦，得到不少寶貴經驗。

那一天，時間已近中午，店裡還沒有做成一筆生意。進來看看的人不少，就是沒有一個真正表示興趣，停下來談價錢。

正當李金安發愁的時候，來了一位戴眼鏡、打扮樸實的男人。看神情，又是一位沒有「誠意」的顧客，但他不願死心，密切注意著對方的舉動。

突然，他發現男人的眼神在一件淺灰色夾克上停留了片刻。「先生您好，想要買嗎？」他馬上笑著問。

「啊！不，看看而已。」對方顯得有些緊張，連忙將「路」封死，似乎很怕會被店員纏上，硬是逼自己「一手交錢，一手交貨」。

「沒關係，不買不要緊。」李金安一邊露出不以為意的表

情，一邊伸手將衣服取下來說：「我取下來讓您仔細瞧瞧吧！就算是還要去逛別的商店，也可以有個比較。」

男人接過衣服，但只看了一眼，就低聲說：「顏色好像太淺了。」

「您的年紀也不過二十多歲吧？還是穿淺色的衣服比較好，因為顏色若是太深，看上去容易顯得老氣橫秋，沒精神。」

對方陷入了沉默，過了一會兒，又表示不喜歡有拉鏈的外套，想要看看釘鈕扣的款式。可是正不巧所有釘鈕扣的夾克都賣出去了，連一件也沒有。

怎麼辦呢？難道就這樣讓機會溜走嗎？李金安突然靈機一動，將話題一轉：「看您的感覺，該是個公務員吧？」

對方笑了笑：「我是個國中老師。」

李金安馬上會意地點頭道：「難怪喜歡深色的衣服，是希望看起來比較沉穩、有精神嗎？不過太嚴肅未必好，真正的感覺，還是要試穿之後才知道。要不要試試看呢？」

這一回，男人倒是沒說什麼，很乾脆的將衣服套上身，李金安見大有希望，感覺更有衝勁了。

「您看，多有精神！」他說：「說實話，我還是個學生。當學生的，都希望老師和自己的距離不要太遠，別總是高高在上，特別是國高中生，這種內心渴求更強烈。我認為，老師們與其塑造威嚴，不如讓自己看起來年輕一些好。」

男人一邊脫下外套，一邊笑著問：「你真會說話，在什麼學校讀書？」

一聊之下，彼此的距離又拉近不少。但就在李金安盤算著該如何提出價錢的時候，男人竟又說不買了，原來是外套的左胸配了一個小口袋，右邊卻沒有，且因為口袋顏色較淺，在不對稱的

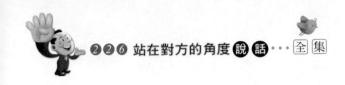

突顯下，看上去極像一塊補丁。

李金安聽了對方的理由，急中生智地說：「表面看來似乎是缺陷，但其實也可以用服裝設計的特色來解釋，端看站在什麼角度。大家都習慣了『對稱』，似乎什麼東西都要成雙成對，可其實單個的設計，也有不一樣的美感啊！」

「雖然我不贊同你的理論，但是必須承認，我非常佩服你的口才和態度。好吧！我買了。」男人不再為難，如數付了錢，臨走之前，還半開玩笑地對李金安說：「好好訓練一下自己吧！事實上，你的潛力非常大。」

這是一次非常成功的推銷，透過態度和言語傳達出的魅力，解除了顧客心中的疑慮，改變原本的心意，做成一筆原先沒有太大希望的生意。

應適當地培養自己的口才，因為無論在任何一個領域，好口才都能夠帶來幫助，拓寬自己的路。

而累積經驗，就是自我提升語言能力的最好訓練。

PART 10

站在對方的角度，
活用說話藝術

有些顧客確實無購買能力，

有些卻是想進行討價還價，

推銷員一定要仔細分析其真正原因，加以擊破！

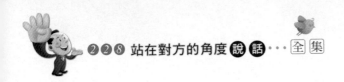

站在對方的角度，活用說話藝術

有些顧客確實無購買能力，有些卻是想進行討價還價，推銷員一定要仔細分析其真正原因，加以擊破！

在推銷過程中，推銷員往往會聽到顧客說出這樣的話：「哎呀！這東西價格太高了，我們買不起。」

如果此時推銷員回答「不會啦！這怎麼會貴呢？就它的性能來說算是便宜的啦」，或「您覺得價格太高是嗎？我們可以商量看看，或許您可向銀行貸款，或利用分期付款來購買」……等言辭，絕對是最不理想的應對方法。

一股勁地訴說「費用不高」的理由，也是不明智的應對。

這時候，應該以如下的言辭來說服對方：

「您說得不錯，一下子要您拿出這麼大一筆錢來，的確是沉重的負擔，但是您想想看，這種東西不是用一、兩年就會壞的，只要使用方法正確，用個十年應該沒有問題。我們不要說十年，就以五年來算，則一年只要花一千兩百元，再除以十二個月，每月只需要一百元，換言之，每天只要三元而以。」

「老闆！您抽的是什麼牌子的香煙呢？這三元也不過是您每天抽一、兩支煙的錢，算起來很便宜不是嗎？如果您多天也繼續做生意的話，那麼，不到一年就賺回本錢，接下來就是純利了。」

先贊同對方的說法，再將費用化整爲零，讓顧客感覺其實商品的價格並不貴。破除了這項疑慮後，再提出產品的優點，自然水到渠成。

以下的說法，也可以適時運用：

「先生，你別想得太嚴重，一天只花兩元，就好像買糖果、玩具那樣，或是用你抽根煙、喝喝咖啡的心情來買這個商品就行了。您也知道，現在喝一杯咖啡要花幾十元，假如稍微節省一下，就可買這商品了，一天只要花兩元。」

「花一點點的錢，就可以使你可愛的寶寶的腦細胞順利地發育，並且成爲聰明的孩子，以後考上好學校，非常值得啊！」

「假如您要到書店去找這種書，一定不知道應該買哪一本，才會對自己的孩子有幫助，所以買回家的都是一些普通書刊。因此，您更應該選擇這本經過很多教育專家花費好幾年的功夫才編出的《學習百科事典》，這對您的孩子會有很大的幫助。」

「家庭教育好壞，可能會使孩子成爲一個天才，也可能變成一個壞孩子。普通書刊與有關教育方面的書籍的性質是不一樣的，如果您要買的話，應該買由教育家經過研究而寫出來的好書，對於孩子們的身心成長以及課業方面才有幫助，您認爲呢？」

「請聽我說幾句話，反正半年後或者一年後總要買這本書，同樣是要買，那麼早一點買，對您的孩子而言更有利。相反的，如果以後絕對不買這種書，當然我就沒什麼話好說了。不過，如果今後一定要買，就請您早一點買，如此幫助必定更大、更明顯。」

有時，顧客之所以認爲某種產品太貴了，就是因爲對價格產

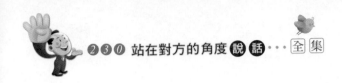

生了疑慮，它表現在顧客以資金困難或沒錢為理由而設置的推銷障礙，可能是「我想要一件，可我現在沒有那麼多錢」、「分期付款可以考慮」、「如果能再便宜一點，我就買……」等等。

這種異議有真實和虛假之分，有的顧客確實無購買能力，有的在以此進行討價還價，還有一些以此為藉口拒絕推銷。

遇到財力異議的障礙，推銷員一定要仔細分析真正原因，加以擊破！不能因為「沒錢」就一下子洩了氣，想著：「唉，沒錢，不用再費口舌，算了吧！」從而輕而易舉地放棄推銷。

看看下面的例子：

「不好意思，我們目前沒有錢，等我有錢再買。」

雖被拒絕，但這位推銷員看到女主人懷裡抱著一隻名貴的狗，計上心來。

「您養的這小狗真可愛，一看就知道是很名貴的品種。」

「是呀！」

「您一定在牠身上花了不少錢和精力吧！」

「沒錯。」女主人開始眉飛色舞地向推銷員介紹自己為這條狗所投入的金錢和精力，且一臉得意。

「那當然，這不是一般階層能做到的，就像這化妝品，價錢比較貴，所以使用它的女士都是高收入、高社會地位的。」

一句話切入重點，說得女主人再也不能以沒錢為藉口，反而非常高興地買下了一套化妝品。

商業上，進行說服的最終目的都在完成交易，但不能「強迫購買」，而要巧妙運用說話藝術，讓對方心甘情願成為自己的客戶。

讓自己的話語，充滿吸引力

 語言推銷固然重要，動作推銷也不可忽略。所以，語言推銷應和動作推銷互相搭配，配合對象和狀況調整。

生產的目的，就是要把產品銷售出去。

不同的商店，在不同的時間內，因為選定的目標市場和銷售對象不同，需製造的形象和採取的活動也不同。

然而，任何成功的推銷，都離不開推銷語言藝術。以下提供三點：

• **激發情趣**

客人來飯店消費，是為了獲得物質和精神享受。服務員的推銷語言，一定要能夠引發情趣，才能達到促銷的目的。

如果服務員一問三不知，就無法引起客人消費的興趣，要是能透過平時的知識積累，採用有較濃藝術味的敘述，吸引客人，引發情趣，鼓勵了對方的消費慾望，以達到推銷的目的。

推銷必須具專業，富知識。如果一個餐廳服務員對餐飲部的有關狀況，本部門有哪幾類餐廳，當天廚房有哪些新菜式供應等都一無所知，或知之不詳不確，就很難做好服務工作。

一位朋友就說過這樣一段就餐經歷：他想換換口味，走進一家地方風味餐廳，服務員斟茶遞巾，非常熱情。

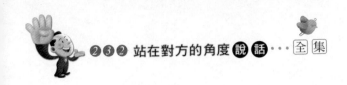

朋友開口問：「今天有什麼新菜？」

服務員指著菜譜：「我們提供的菜都寫在這上面了，您要點什麼？」

朋友聽了很失望，頓感興致全無，最後，只有隨便點了幾樣菜了事。因為服務員失敗的推銷語言，使餐廳失去了一次很好的機會。

● 刺激慾望

推銷語言一定要突出要點，這個「要點」就是最有吸引力的語言，它是商品的「重點」，能刺激客人消費的慾望。

如果一個服務員問客人：「您喜歡飲料嗎？」這個問題可能從客人那裡得到否定的回答。

與此相反的，服務員應該問：「我們有椰汁、芒果汁、雪碧和可口可樂，您喜歡哪一種？」

服務員的推銷語言，最重要一點，就是要把食品的「要點」指出來，以刺激顧客的食慾。

美國推銷大王惠勒有一句名言：「不要賣牛排，要賣鐵板燒。」這話是很能說明問題的。如果要想勾起顧客吃牛排的慾望，將牛排放在客人面前，固然有效，但最令人無法抗拒是煎牛排的「滋滋」聲，客人會想起牛排正躺在黑色的鐵板上，渾身冒油，香味四溢的情景，不由得嚥下口水。

「滋滋」的響聲就是服務員針對客人推銷的要點，它會真正地引起客人對這食品的感情。

● 揚長避短

因客人的喜與厭，採用揚長避短的推銷方法，也是語言藝術

的要點。

　　某間餐廳曾經接待過一對來自香港的老夫婦，他們一坐下來就埋怨這埋怨那，服務員為他們斟上茶後，老婦人語氣生硬地說：「我要龍井。」

　　而剛好當時餐廳沒有龍井茶，服務員就向她解釋道：「這是我們特地為您準備的紅茶，餐前喝紅茶好，可以消食開胃，對老年人尤為合適，而且價格不貴。如果您想喝龍井茶，隔壁商場有，您們吃完飯可以買一些回去。」

　　後來，老先生點菜時，老婦人又說道：「現在的蔬菜都太老了，我們要這幾個就行了。」

　　這時，服務員馬上順著她的意思說：「對！現在蔬菜都太老了，咬不動，我們餐廳有炸得很軟的油燜茄子，菜單上沒有，是今天的時新菜餚，您們運氣真好，嚐一嚐吧！」

　　老婦一聽動心，於是菜單上多了一道原本沒有的菜餚。

　　語言推銷固然重要，動作推銷也不可忽略。餐廳食品的擺設和烹調表演在一定程度上影響著客人的購買行為，影響客人對品質和價值的看法，更影響客人的食欲，最終決定了銷售額。

　　所以，語言推銷應和動作推銷互相搭配，配合對象和狀況調整，這樣才能贏得新客源及更多回頭客。

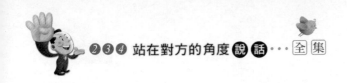

掌握時效，讓話語發揮最大功效

推銷員能用的時間是很短的，所以更要在幾秒內，讓每一句話發揮功效，配合推銷動作，吸引、刺激購買欲，把陌生人變成顧客。

要接近顧客，你的開場白十分重要，推銷員的開場白會立即造成第一印象，不論好壞，都可能直接決定這筆銷售的命運。好的開場白加上推銷動作，將有助提升你的銷售業績。

你可以使用以下八種方法接近顧客：

• 喚起顧客注意

推銷員接近顧客的目的，是喚起注意，使顧客的注意力轉向推銷員的介紹。心理學家發現，推銷介紹前十秒鐘裡所獲得的注意，比之後十分鐘內獲得的注意還要更多。因此，推銷員應該說好第一句話。

對推銷人員來說，怎樣說好第一句話尤爲重要。第一句話就應該把顧客的注意力吸引過來，作用如同廣告中一條醒目的標題一樣。

一般情況下，最好能直接切入正題，如一位上門推銷空調的推銷員，見到顧客一開門，立即問：「您的空調好用嗎？」

不管顧客回答說還沒裝，還是說不太好使用，推銷員都可順勢把自己的產品推薦出去。

　　但許多場合下，開頭不可避免地要進行一次自我介紹和熱情問候。如果是熟人就更難，不能每次都自我介紹，又不能每次都是同一套。所以，語調應生動、親切、簡練，熱情而不誇張，新鮮而不老套。

　　常用的客套話，有以下幾種：

　1.稱讚顧客。

　　稱讚顧客或獻殷勤，是喚起注意的最有效方法之一。

　　作為推銷員，應該對顧客彬彬有禮，說幾句讚美之詞並不失身份，而且對推銷大有助益。

　　讚美的方式很多，從顧客的服飾，年齡，身體健康，辦公室的佈置等等。只要留心，可讚美的對象數不勝數。

　　切記，讚美要看狀況與對象，掌握火候、把握分寸，過度的言詞可能給人油嘴滑舌的不良印象。

　2.談新聞。

　　新近發生的重大事件往往是人們關注的焦點。談新聞不僅能很快喚起顧客的注意和興奮，而且處理、聯繫得好，更能直接過渡到正題的切入點。

　　除此之外，可談的新聞還很多，如國內外政治、經濟最新動態，最新的商品，重大體育賽事等等。

　3.提建議。

　　如果知道客戶正面臨什麼難題，而在解決難題上又有忠告可提，那麼推銷人員應抓住時機提出建議，引起對方注意。例如，批發商可憑藉專業知識和資訊靈通的特長，向零售顧客提出有用

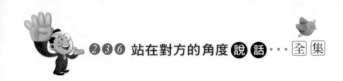

的建議，包括某些商品銷售前景的預測，陳列設計，店內佈置，廣告宣傳等等，都很有效。

• 介紹接近法

這種方法，是推銷人員透過自我介紹或他人介紹來接近顧客。

自我介紹，主要可藉口頭介紹、身份證件與名片來達到接近顧客的目的。他人介紹，是借助與顧客關係密切的第三者的介紹來達到接近目的，形式有信函介紹，電話介紹或當面介紹。

介紹接近法的作用，主要在於推銷人員向顧客介紹自己的身份，以求得對方的了解和信任，消除戒心，爲推銷行動創造舒適的氣氛。

有一種較另類的自我介紹開場白：「我叫某某某，雖然說你並不認識我……」，這種介紹法幽默而直接，但在使用時要小心，如果對方看起來個性開朗，可以使用這種方法；如果對方看似內向，這種方法可能會嚇到他。

所以要因人而異，使用不同的說話方法。

• 尋求幫助法

人性本善，推銷員可以喚起對方的助人之心，請求幫助，接著再開始真正打算進行的話題，這類的開場白有「您能不能幫我……」、「我需要您幫我一些忙……」等等。

用這種方法，記得態度要親切溫和，口氣放軟，千萬不要明明是找人幫忙，卻搭配上強勢的口氣，那當然達不到目的。

• 產品接近法

推銷人員直接利用推銷品引起顧客的注意和興趣，進而轉入

面談的一種接近方法。這種方法的最大特點，就是讓產品作自我推銷，讓顧客接觸產品，透過產品自身的吸引力，引起顧客的注意和興趣。

● 饋贈接近法

推銷人員利用饋贈物品，免費品嚐的方法吸引並喚起顧客的注意。這種方法尤其適合新型產品的推銷，在各大商場客流密集處更能發揮效能。

使用此方法時，推銷人員應注意，饋贈的物品要適當，方便顧客拿取或品嚐，使用的語言要熱情、主動。

● 利益接近法

推銷人員首先強調商品能為顧客帶來的利益，引起對方的注意和興趣，達到接近的目的。例如：

「這是公司最新推出的新型石英多功能鬧鐘。它既可以擺在書桌上，外出旅行時，又可以合起來放在枕邊床頭，非常實用。」

「功能就更不用說了，光鬧鐘設置方式就有好幾種，既可以定時，還可以選定某月、某年、某時鬧鈴，非常方便。振鈴音響也有多種選擇，可以滿足不同顧客的喜好。除此之外，這種鬧鐘還有計算、記事的功能。在推展月裡，特價優惠五％。」

以實際利益去接近並打動顧客，常常是行之有效的重要的推銷手段。利益接近法符合顧客購買商品時的求利心理，直接了當地告知購買該商品所能獲得的實際利益，能有效引導消費。

但使用這種方法時，應實事求是，講求商業信譽，不可浮誇，更不能無中生有，欺騙顧客。

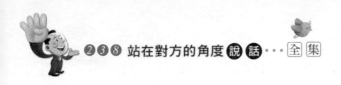

● 好奇接近法

利用好奇心理接近目的的方法，推銷人員運用各種巧妙的方法及語言藝術喚起顧客的好奇心，引導注意力和興趣，達到推銷目的。

例如，一位推銷新型印表機的推銷員，在推開顧客辦公室門時，就說：「您想知道一種能使辦公效率提高，又能有效降低成本的辦法嗎？」

這些想法正是一般辦公部門努力追求的目標，而對主動送上門來的良計佳策，誰不為之動心呢？

當顧客的好奇心被緊緊抓住以後，推銷人員應不失時機，巧用推銷技巧和語言藝術，因勢利導，強化顧客的注意和興趣，進而實現自身目的。

● 展示接近法

意指透過對商品的展覽、演示，以引起顧客的注意和興趣。

這是一種古老的推銷術，在現代行銷中，仍有重要的利用價值。

例如，某一推銷聲控魔術方塊玩具的推銷員，坐定之後，並不急於開口說話，而是取出一個小巧玲瓏、色彩豔麗正四方體「木箱」放到顧客的面前，隨著推銷員的一聲拍掌，小木箱不但搖晃起來，同時還用幾種語言發出「讓我出去」叫聲，彷彿真鎖住了一個急於外逃的魔鬼。

一場形象生動、直觀的展示，勝過推銷人員繪聲繪影的描述，使顧客直接地獲得了直覺印象。

接著，推銷人員如能不失時機地發揮語言藝術的作用，熱誠地為顧客釋惑解疑，闡明產品價格定位及廣闊的市場前景，就能

為最後的成交打下良好的基礎。

在這個有能力不一定就能成功的時代，想要與人做有效的溝通、就必須留意自己說話的口氣，用最動聽的話語，表達自己的意思。

推銷員能用的時間是很短的，所以更要在幾秒內，讓每一句話發揮功效，配合推銷動作，吸引、刺激購買欲，把陌生人變成顧客。

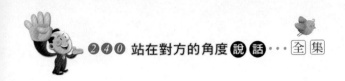

讓說出的每一句話都奏效

一句話看似簡短，說得好能讓你的推銷加分，如果句句正中紅心，一場對話累積下來，客戶非你莫屬。

在實際推銷進行過程中，巧妙地使用語言，是推銷成功的關鍵。那麼，該如何使用推銷語言才算巧妙呢？下面介紹八種方法：

● 選擇問句

例如：「您是要茶還是要咖啡？」

● 語言加法

羅列各種優點，例如：「這道菜不僅味道好，原料也十分稀少難得，含有多種營養，還對虛火等症狀有輔助療效。」

● 語言減法

即說明現在不購買或選擇會有什麼損失，例如：「鮰魚只有武漢一帶的長江水域中才有，您如果現在不嚐嚐，回去後將難有機會了。」

● 轉折說法

即先順著賓客的意見，然後再轉折闡述。例如：「這道菜確實比較貴，但原料在市場上的價格也不低，做菜的技巧較為複雜，口味別俱特色，您不妨一嚐，就知道物超所值了。」

● 語言除法

即將一種商品的價格分成若干份，使看起來不貴，例如：「雖然要三百元一份，但六個人平均下來，不過五十塊錢。」

● 借人之口法

例如：「客人們都說招牌菜做得很好，您願意來一份嗎？」

● 直接稱讚法

例如：「這鮑魚炒飯是我們飯店的特色，不妨試試。」

● 親近法

例如：「特別介紹一道好菜給您，這是今天才買回來的。」

下面再介紹一則巧妙使用推銷語言，推銷豪華套房成功的實例：

某天，台北某家知名飯店前廳部的客房預訂員小王，接到一位美國客人打來的長途電話，想預訂每間每天收費在二百二十美元左右的標準雙人客房兩間，預計三天以後入住。

小王馬上翻閱了一下訂房記錄表，回答客人說，由於三天以後飯店要接待一個大型國際會議，有幾百名代表，標準客房已經全部訂滿。小王講到這裡，並未就此把電話掛斷，而繼續用關心的口吻說：「您是否可以推遲兩天來，要不然請直接打電話與其他飯店聯繫，如何？」

美國客人說：「台北對我們來說，人生地不熟，你們飯店名氣最大，還是希望你幫我們想想辦法。」

小王暗自思量，感到應該儘量不使客人失望，於是便用商量的口氣說：「感謝您對我們飯店的信任，我們非常希望能夠接待你們這些遠道而來的客人。請不要著急，我很樂意為您效勞。」

「我建議您和朋友準時前來，先住兩天我們飯店內的豪華套房，每天也不過收費二百八十美元。套房內可以眺望陽明山的優

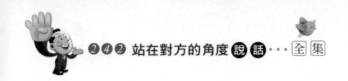
美景色，室內有紅木傢俱和古玩擺設，提供的服務也是上乘的，相信你們住了以後一定滿意。」

　　小王講到這裡，故意停頓一下，以便等待客人的回話。

　　見對方沉默了一下子，似乎猶豫不決，小王又趁勢誘導：「我想您不會單純計較房價的高低，而是在考慮是否物有所值，請告訴我您什麼時候、搭哪班飛機來台北，我們將派專車到機場迎接，到店以後，我一定陪您和您的朋友先參觀一下套房，然後再做決定也不遲。」

　　美國客人聽小王這麼講，一時間倒難以拒絕，最後便欣然答應先預訂兩天豪華套房再說。

　　另一個例子，是使用啟發性推銷語言，巧妙推銷書籍的故事：

　　一名顧客想買一本有關法律法規方面的書籍，他跑了好多書店，但就是找不到「大全」類的資料總匯。

　　後來，在某大學的書店，終於發現了彙編齊全的法規書籍，但書價過高，使他猶豫不決，買不下手。

　　老闆抓住了顧客的心理，採取「啟發式」語言改變立場。

　　老闆問：「您想買總彙多年法規大全的法律書籍吧？」

　　顧客：「是的。」

　　老闆：「您是想考研究所，還是律師？」

　　顧客：「參加今年的全國律師資格考試。」

　　老闆：「考律師比考研究所更應了解法律法規，您是否注意到國家每年的法規都在增加和變動？」

　　顧客：「的確是這樣，我正愁沒有一本法規彙編大全的書籍。」

　　老闆：「去年，我有兩個朋友因為沒有注意近年來經濟合約

法規的變化，差兩三分沒通過律師考試。」

顧客：「真的啊？」

老闆：「這幾年律師考試，題目靈活多變，注重時效，技能測試題越來越多，很不容易呢！」

顧客：「那不是更應該靈活運用法規解決實際問題嗎？」

老闆說：「您說呢？」

顧客聽到這裡，消除了疑慮，當即以近千元的高價，買了一套法規彙編大全。書店老闆的成功秘訣，就在於緊緊抓住顧客心理，如此不用回答任何問題，便足以使顧客滿意而去。

抓住顧客的心理，說出的每句話都要有功效。

一句話看似簡短，說得好更能讓你的推銷加分，如果句句正中紅心，一場對話累積下來，這個客戶非你莫屬。

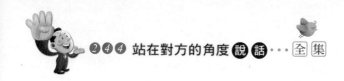

適時引用第三者的話

通常顧客對推銷員是排斥的，巧妙加入第三者的話，能夠增加可信度，使顧客心中感覺別人買了，那這項產品必定不差。

推銷時，巧妙地引用第三者的話，向顧客說出他人對自己商品的評價，會收到意想不到的效果。

談到正出售的一塊土地，你可以對顧客說：「前不久一個顧客也來此地看過，他覺得非常滿意，想蓋棟別墅。可惜後來他因資金周轉有問題而無法購買，我也爲他感到遺憾。」

這種方法效果非常好，但是，如果你說謊又被識破的話，那可就非常難堪了，所以應該儘量引用真實的事情。

這一技巧的妙處，在於一般顧客對於推銷員的印象總不是那麼好，對於推銷這種售賣方式也多持懷疑的態度。如果你非常成功地引用了第三者的評價來遊說，顧客一定會感到安全感，消除對你的戒心，相信你做的商品介紹，認爲購買你的商品可以放心。

假如你爲一家公司推銷一種新式化妝品，而這家公司已經在電視上大做廣告，那麼你的推銷一定要由此開始。

你應該對顧客說：「這就是電視裡天天出現的那種最新樣式的化妝品，您一看就會認出來的。」然後立刻將樣品遞過去，她便不會有意識地來懷疑你了。

　　如果你認為對方不是一個喜歡標新立異的人，可以接著告訴她：「我剛才已經賣了幾十瓶，他們都是看了電視廣告介紹才下決心買的。」

　　這樣，成交希望就更大了，因為你一直都在「請」廣告和其他的購買者來為自己背書，她自然不會產生懷疑。

　　如果你知道某個「大人物」曾盛讚或使用了你正在推銷的商品，那麼推銷會變得更加容易。毫無疑問，電影明星、體育明星等「大人物」一定比你更容易受到信賴，說服力當然強得多。

　　但這樣的好事，未必就落在你所推銷的商品上，這也不要緊。你如果能打聽到顧客的周圍，有一個值得信賴的人，曾經說過你的商品的好話，就應該不失時機地加以應用。

　　即便你引用一個顧客並不了解的人所說的話，也不一定就沒有效果。只要言之有理，對方仍然會加以考慮。

　　推銷過程中，一般只有兩者在對談，即推銷員和顧客，通常顧客對推銷員總是排斥的，這時若巧妙加入第三者的話，能夠增加可信度，使顧客心中感覺別人買了，那這項產品必定不差，同時也激起對方的購買慾，覺得既然別人有了，自己也要買。

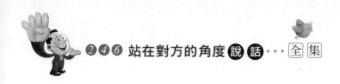

與其發怒，不如使出「忍術」

 對說「這個不好」、「那樣不對」的人，最重要的是讓對方儘量把話說完，再抓住時機反駁，進一步掌握有利勢頭。

在商場上，常會看到顧客與推銷員爭辯。基本上，不管他們在吵什麼，為什麼而吵，周邊的人絕大部份會站在顧客那一邊。

原因很簡單，他們也是消費者，總有一天也會遇上類似情況。

因此，你應該清楚地認識到這一點，遇到顧客有意見時，不論誰是誰非，都不得為此爭辯，儘管你有千萬條道理，也不可開口說一句重話。一旦說了爭辯的話，生意做不成是小事，影響名聲，那問題就大了。

在舊金山有一家鞋店，老闆應付顧客的手段相當高明，儘管他給人的印象並不屬於精明且伶牙利齒的生意人。

每次顧客對他抱怨說「鞋跟太高了」、「式樣不好看」、「我右腳稍大，找不到適合的鞋子」，老闆都只是點頭不語，等顧客說完後，他才說：「請你稍等。」隨即拿出另一雙鞋表示：「你一定適合，請試穿。」

顧客起初很疑惑，可穿上之後，便會高興地說：「好像是為我訂做的。」於是很高興地把鞋買走了。

在推銷員須知中，有一條規則是：別和顧客爭辯！因顧客說的話有絕對的理由，難以說服。

與其爭吵，推銷員應利用顧客的心理，使他沒有繼續反駁的餘地，以求圓滿地達到自己的目的。

對說「這個不好」、「那樣不對」一類話的人，不要一一反駁，最重要的是讓對方儘量把話說完，再抓住時機引導。對方說他喜歡什麼，其實等於是推出王牌，可以讓自己進一步掌握有利勢頭。

自己掌握的情報不要讓對方知道，否則就等同把優勢讓給了對方。說服顧客時，不要著急，而要根據對方的反應，慢慢抓住有利的線索。

西方有句諺語說：將所有的資料公開，等於送鹽巴給敵人。作為一位商人，就是透過商品銷售獲得利潤。作為一位推銷員，就是迎合顧客心理，熱情接待顧客，讓他高高興興地從商店裡買走商品。

顧客可以千錯萬錯，而推銷員不得有半點失誤，當忍則忍，切莫爭辯。與其爭得臉紅脖子粗，不如省下力氣，好好培養自己的「忍術」。

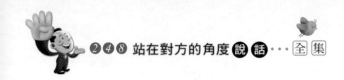
懂得看時機，說話才適宜

當顧客有問題時，推銷員的應答便成為最即時的回應，越即時的回應，說話越要小心，因為影響往往最大。

人際溝通大師塞巴特勒曾經寫道：「想讓對方接受原本不想接受的看法，最好使用對方喜歡聽的語言。」

從事推銷工作多年的業務員大多有同樣感覺，接待顧客，最困難是在於尊敬語的使用。由於對象不同，使用的尊敬語也有區別。

另外，現代社會步調快速，成功的推銷員或服務人員面對顧客的要求，一定要給予即時的回應，在不同的時機說不同的話，做到即時又優質。

作為推銷員，依使用時機不同，可將敬語分為幾種：

● 接待顧客

1. 接待顧客時應說：

歡迎光臨。

謝謝惠顧。

2. 不能立刻招呼客人時：

對不起，請您稍候！

好！馬上去！請您稍候。

3. 讓客人等候時：

對不起，讓您久等了。

抱歉，讓您久等了。

不好意思，讓您久等！

● 拿商品給顧客看

是這個嗎？好！請您看一看。

● 介紹商品

我想，這個比較好。

● 將商品交給顧客

讓您久等了！

謝謝！讓您久等了！

● 請教顧客

1. 問顧客姓名時：

對不起？請問貴姓大名？

對不起！請問是哪一位？

2. 問顧客住址時：

對不起，請問府上何處？

對不起，請您留下住址好嗎？

對不起，改日登門拜訪，請問府上何處？

● 更換商品時

1. 替顧客更換有問題的商品時：

實在抱歉！馬上替您換。

很抱歉，馬上替您修理。

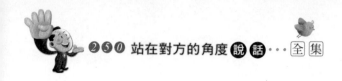

2.顧客想要換另一種商品時：

沒有問題，請問您要哪一種？

● 送客時

謝謝您！

歡迎再度光臨！謝謝！

● 向顧客道歉時

實在抱歉！

給您添了許多麻煩，實在抱歉。

敬語的使用並非一成不變，若能做到視情況應變，加上誠心，相信客戶可以感受到你的尊敬。

另一方面，推銷員在工作崗位上服務時，常常需要針對顧客的疑問給予回應，或者對顧客的召喚做出反應。服務過程中，所使用的應答用語是否恰當，往往直接反應了服務態度、服務技巧和品質。

整個服務過程中，推銷員隨時都有可能需要使用應答用語，由此可見使用範圍之廣泛。

推銷員在使用應答用語時，基本的要求是：隨聽隨答，有問必答，靈活應變，熱情周到，盡力相助，不失恭敬。

就應答用語的具體內容而論，主要可以分為三種基本形式，在某些情況下，相互之間可以交叉使用。

● 肯定式的應答用語

主要用來答覆服務對象的請求。重要的是，一般不允許推銷員對於服務對象說一個「不」字，更不允許對狀況置之不理。

　　這一類的應答用語主要有「是的」、「好」、「隨時爲您效勞」、「聽候您的吩咐」、「很高興能爲您服務」、「我知道了」、「好的，我明白您的意思」、「我會儘量按照您的要求去做」、「一定照辦」……等等。

● 謙恭式的應答用語

　　當服務對象對於被提供的服務表示滿意，或是直接進行口頭表揚、感謝時，一般會用此類應答用語進行應答。

　　它們主要有「這是我的榮幸」、「請不必客氣」、「這是我們應該做的」、「請多多指教」、「您太客氣」、「過獎了」。

● 諒解式的應答用語

　　在服務對象因故向自己致歉時，應及時予以接受，並表示必要的諒解。常用的諒解式應答用語主要有「不要緊」、「沒有關係」、「不必，不必」、「我不會介意」等等。

　　當顧客有問題時，推銷員的應答便成爲最即時的回應，越即時的回應，說話越要小心，瞬間、立即的一兩句話，給人的印象和影響往往最大。因此，顧客的反應必回，而且要回得好；和顧客應對進退時，必「敬」。

　　說話的藝術不是一朝一夕可達成，但從生活中細細體會，不斷改進，說出適當的話並不那麼難。

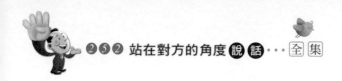
會話式推銷，接受度更高

用會話的方式和顧客進行推銷，能深入了解這位顧客朋友的需求，縮短你們之間的距離，建立長久關係。

怎樣與顧客進行推銷訪問？特別是第一次與新顧客見面。這是所有推銷員都必須面對的問題。使推銷成功的途徑並非一成不變，可以說多種多樣、千變萬化，會話式推銷訪問就是一種相當成功的方法。

● 會話式推銷訪問程式

1. 在接受推銷技巧認訓練以前，建立明確的訪問推銷程式觀念。

2. 討論各個推銷程式時，能夠清楚地了解在推銷訪問中的個別意義。

● 會話式推銷程式的意義

1. 在訪問顧客以前，能夠依「會話式推銷訪問程式」的五個步驟去計劃及準備推銷訪問。

2. 充滿信心按照「會話式推銷訪問程式」的五個步驟，以獨立自主的態度和精神訪問顧客。

3. 訪問顧客後，能夠按照「會話式推銷訪問程式」的五個步

驟檢討訪問經過,並制定改善計劃。

● 會話式推銷訪問的重點

1.訓練業務代表,在訪問過程中應用最簡易的「會話式推銷訪問程式」,建立融洽的商談氛圍。

2.訓練業務代表,不光了解自己的產品,更能對不同類型的顧客演習「會話式推銷訪問程式」。

● 會話式推銷訪問的效果

1.業務代表在訪談時較容易進入狀況,談笑自如。

2.顧客在面對業務代表時,因減少抵制心理而樂於談論,容易建立長久且正向的雙方關係。

3.能夠讓業務代表更了解顧客需求,並有利於提供協助。

4.推銷員容易儘快進入角色,避免因摸索而浪費時間。

以下,則是會話式推銷的五個實施步驟:

● 會見顧客

建立關係技巧——和諧、誠懇的表現與設身處地的談吐。

1.遞交名片,自我介紹。

2.以和諧、誠懇的眼神看著對方。

3.簡潔說明來意、工作內容。

4.附和對方的話題,表示出濃厚興趣。

5.心平氣和地傾聽對方的講話,表示了解。

6.有禮貌的談吐,尊重對方的稱呼。

7.謙虛的敘述,以對方的談話為中心。

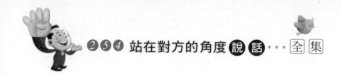

● 界定顧客需求

診斷分析技巧——用適當的方式探詢產品使用的相關問題後，細心聆聽，協助界定並解決需求。

1. 以關心的口吻探詢產品使用的問題。

2. 在對方敘述時注意聆聽，重複對方的話以澄清內容。

3. 提起競爭產品時不可批評。

4. 若有不明顯的需求，可以用暗示以打聽目的。

5. 舉出別人使用本公司產品而獲得的好處，或欣賞的要點。

● 以產品的利益配合顧客需求

摘要指示技巧——將產品特定的利益配合顧客顯示需求，並將利益連接在產品的特徵上。

1. 將產品特定的利益配合顧客提出的需求。

2. 將利益和產品的特徵連結。

3. 避免滔滔不絕地講個不停。

4. 時時探詢對方的反應，不可搶詞。

5. 不可有強詞奪理的言辭與舉動。

● 觀察顧客的態度

觀察態度技巧——觀察顧客的接受性，化解不以為然，猜疑，反對意見，推託等反應態度。

1. 對顧客反對表示了解，重述要點加以核對是否會意。

2. 提出解決的意見或答覆猜疑要點。

3. 以解決意見建議供對方參考，求得同意。

4. 對不明白的內容要做筆記，誠實應對，不可編造謊言。

5. 若有無法當面解決的事項，約定查明後答覆。

● 總結會話

總結技巧——摘要討論後同意的要點，請求採取特定行動。

1. 摘要已經同意或經過澄清的要點。

2. 提出建議，請求採取行動，必須以誠懇的眼神看著對方。

3. 以充滿信心的口氣，強調對方的利益要點。

4. 從不同角度再試試，以取得同意。

5. 不可表現耍賴的態度，感謝顧客給予談話的機會。

　　會話式推銷訪問，就是用會話的方式向顧客進行推銷，能讓你深入了解這位顧客朋友的需求，縮短彼此之間的距離，建立長久的關係。

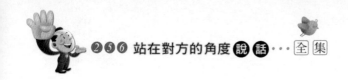

你問對問題了嗎？

在銷售過程中，推銷員越早且越經常地提出問題越好，因為那將有利於更了解對方，更針對性地解決問題。

　　提出適當的問題，能夠使對方說出你該知道的一切，這極有可能是決定業務成功與否的關鍵。

　　看看下列各項，檢驗一下自己是否做到準確提問。

　　1.問題是不是簡明扼要？

　　2.是否把顧客的答案引向你的產品？

　　3.能不能引導對方引用以往的經驗，讓你分享他的驕傲？

　　4.問題的答覆是不是顧客從前未曾想過的？

　　5.問題是否直接切中顧客的處境？

　　6.能不能從顧客口中取得一些資料，讓你的銷售更有針對性？

　　7.問題能不能創造出正面的、有引導作用的氣氛，以利於完成行銷？

　　8.當對方問你問題時，你會不會反問？如顧客問：「兩週內能不能送到？」你能否懂得反問：「您希望我們在兩週內送到嗎？」

　　檢視自己的銷售過程，所提的問題是否做到以上要求？如果沒有，希望你事先準備十到二十五個問題，以利於發掘對方的需求、痛苦、心思、障礙。

這裡有三個步驟可供參考：

步驟一：陳述一件無法反駁的事實，讓對方回答「是」。

步驟二：陳述可以反映出經驗與創造信任感的個人意見，如此既能控制話題，又能讓顧客對你的專業性產生信賴。

步驟三：提出一個與前兩個主題吻合，又可讓顧客盡情發揮的問題，從中了解他的需求、意圖、障礙或其他資料。

你不妨試試如下的提問方式：

1. 你打算如何……？

2. 在你的經驗裡……？

3. 你成功地用過什麼……？

4. 你如何決定……？

5. 為什麼那是決定性因素……？

6. 你為什麼選擇……？

7. 你喜歡它的哪些地方？

8. 你想改善哪一點？

9. 有沒有其他因素……？

作為一個推銷員，你應該了解，推銷，有時是從一個巧妙的提問開始。

身為一間大工廠的負責人，羅斯相當忙碌，他對推銷員的態度始終十分冷淡。

一天，一位推銷員來到他的辦公室。

推銷員：「先生您好，我是保險公司的推銷員貝特格。您認識吉米·沃克先生嗎？是他介紹我來的。」

羅斯：「又是一個推銷員！你已經是今天第十個推銷員了。我還有很多事要做，不可能花時間聽你們的話，別再煩我了，我

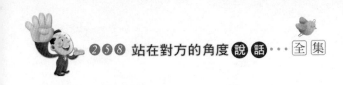
沒有時間。」

推銷員：「我只打擾您一會兒，請允許我做個自我介紹。我這次來只是想和您約一下明天的時間，如果不行，晚一點也可以。上午還是下午好呢？我只要二十分鐘就夠了。」

羅斯：「我說過了，我根本沒時間。」

推銷員忽然轉變話題，只見他仔細看著放在地板上的產品，然後詢問：「您生產這些東西嗎？」

羅斯：「是的。」

推銷員：「您做這一行多長時間了？」

羅斯：「哦！有二十二年了。」此時，他的神色和藹了些。

推銷員：「您是怎麼開始進入這一行的呢？」

羅斯：「說來話長了。我十七歲就到一家工廠工作。在那裡，我沒日沒夜地奮鬥了十年，後來終於擁有了現在這家工廠。」

推銷員：「您是在此地出生的嗎？」

羅斯：「不，是在瑞士。」

推銷員：「那您必定是年齡不大的時候就來了。」

羅斯：「我離開家鄉的時候只有十四歲，曾經在德國待了一陣子，後來才輾轉到了美國。」

推銷員：「那您當時一定帶了大筆資金吧！」

羅斯此時微笑著回答說：「我只以三百美元起家，一路到現在，累積了足足三十萬美元。」

推銷員：「這些產品的生產過程，想必是很有意思的事。」

羅斯站起來，走到推銷員身邊說：「不錯！我們為自己的產品感到驕傲，我相信它們在市場上是最好的。你願不願意到工廠裡走走，看看這些產品是怎麼製造出來的？」

推銷員：「樂意之至。」

羅斯當即將手搭在推銷員的肩膀上，陪同他一起參觀工廠。

第一次和羅斯先生見面，推銷員貝特格並沒有向他賣出任何保險，但在那以後的十六年裡，不僅成功賣出了十九份，還向他的兒子們賣出了六份。賺進許多錢不說，還和羅斯成了好朋友。

由此可見，在銷售過程中，推銷員越早且越經常地提出問題越好，因為那將有利於更了解對方，更針對性地解決問題。

PART II

說服的關鍵，
在於口才表現

適度的自我宣傳與推銷，

輔以具緩和作用的幽默感，

使一切在親切融洽氣氛中進行，

是達成交易的最理想情境。

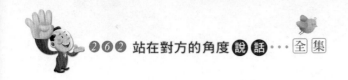

說話之前，先學會聽話

完整的溝通模式是雙向性溝通，它讓接收者傳達自己對資訊的反應，能讓資訊傳送者更有效掌握進行的方向。

每個人都喜歡聽好話，說好「話」遠比比做好「事」更容易讓你引起別人的注意。如果你想讓交涉、推銷順利成功，那麼在溝通的過程中，就必須學會聽對方說話，然後把自己的意見滲透到對方的心坎裡。

「說」在推銷過程中佔有相當重要的位置。同樣一種產品，推銷員說得越好，顧客就越可能購買。

如果你自認非常賣力，但是結果總是不理想，那麼，或許該想想，自己是不是疏忽了傾聽的技巧？

經過細細檢討，你就會了解「傾聽」是溝通的重要過程。

很多人在溝通的過程中，採用「單向」的溝通方式，無形中埋下失敗的肇因。單向溝通方式帶有強迫接收的性質，並不適合發掘顧客需要的心理要求。從事商業事業的推銷人員，必須學習更完善的溝通模式。

完整的溝通模式是雙向性溝通，它讓接收者傳達自己對資訊的反應，能讓傳送者更有效掌握資訊的傳送方向。

成功銷售的關鍵，在於把顧客的心聲分成兩種類型，每一種

類型都有不同的傾聽技巧和方式，幫助自己掌握顧客的需要，這就是足以令推銷員成功致富的「傾聽廉價原理」。

這兩種類型為：

1. 傾聽顧客抱怨。

2. 傾聽顧客認同。

掌握「傾聽廉價原理」，可以以根據不同的需要，打進顧客的世界。然而，在這個過程中，仍然存在著許多難以克服的障礙，要盡全力解決的。

傾聽的障礙，便是干擾資訊傳遞的噪音。當溝通雙方就傳達資訊進行詮釋時，噪音會妨礙彼此對傳達資訊的了解程度。

從接收者是否能夠掌握資訊的角度衡量，干擾的噪音可以分成兩類：

1. 外部噪音——來自資訊接收者外部的噪音來源。

2. 內部噪音——來自資訊接收者內部的噪音來源。

外部噪音關係到資訊傳遞者表達的方式、說話的速度、態度等因素，以及溝通環境的干擾與變化等因素。

內部噪音關係到資訊接收者情緒上的變化，像激動、緊張、興奮，或缺乏興趣等因素，以及個人傾向，如成見或接收方式的影響。

如何排除以上障礙呢？

● 排除外部噪音

1. 集中注意力。

2. 習慣不同的口音與說話方式。

3. 加強專業知識。

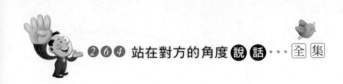

4. 適時發問。

5. 選擇安靜的聚會場所。

6. 避免會發出干擾的物品。

● 排除內部噪音

1. 積極的傾聽態度。

2. 降低情緒的干擾。

3. 避免成見的判斷。

4. 養成筆記的習慣。

經過持續的傾聽技巧訓練，能力一定會提升許多。你是否已經注意到自己傾聽技巧的優點所在？缺點呢？應該如何改進？

看看別人，想想自己，這是推銷事業能夠創造奇蹟的原因之一。

不妨多多觀察成功的推銷員，他們的傾聽技巧如何，以及自己可以從他們身上學到些什麼。

頂尖的業務員之所以能巧妙地了解顧客的需求，就在於他們不僅有說話的技巧，也懂得傾聽，能夠隨時從對話中捕捉訊息。

會說，更要會聽。想成功抓住他人的心，兩種技巧千萬不可缺一。

只要有理，反駁未必不可以

 俗話說：「顧客都是對的」，不是要你對顧客唯唯諾諾，而是在不冒犯自尊的原則上，提供正確資訊和知識。

反駁，是指推銷人員根據較為明顯的事實與理由，直接否定顧客異議的一種處理策略。

反駁在實際運用中，可以增強推銷面談的說服力量，增強顧客的信心，節省推銷時間，提高推銷效率，更可以給顧客一個簡單明瞭不容置疑的解答。因而正確地靈活地使用反駁，可以有效地處理好顧客異議。

但是運用不好，卻極易引起推銷人員與顧客的正面衝突，可能會增加壓力，甚至激怒顧客而導致推銷失敗。如果因為直接反駁而使顧客感到自尊心受傷害，那麼，即使產品再好，顧客也會拒絕購買。

另外，在使用反駁法的過程中，如措詞使用不當，會破壞推銷氣氛以及推銷面談雙方的情緒，從而使推銷陷於不利之中，使整個活動在顧客原有異議之外，又增加了新的障礙。

所以，反駁絕不可濫用！

運用反駁處理法處理顧客異議時，應注意以下幾點：

- 反駁不可濫用

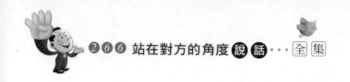

反駁只適用處理因為顧客無知、誤解、成見、資訊不足而引起的有效異議，不適用於處理無關與無效異議，因情或性問題引起的顧客異議，有自我表現慾望與較為敏感的顧客所提出來的異議。

• 反駁必須有理有據

用以反駁顧客異議的根據必須是合理的、科學的，而且有據可查，有證可見，因而最好透過講道理的方法，去進行澄清。

推銷人員在反駁顧客異議的過程中，必須注意講話的邏輯性，應首先明確指出顧客的異議內容，釐清異議性質與根源，然後，由淺到深提出事實證據理由，依靠事實與邏輯的力量說服顧客。

• 反駁仍然要友好

推銷人員在反駁顧客異議過程中，應始終貫徹友好真誠的態度，維持良好的推銷氣氛。

首先，推銷人員應理解，即使顧客是因為無知而提出購買異議，自己反駁的也只是錯誤的看法，而絕非顧客的人格。所以，在反駁顧客異議過程中，推銷人員既要關心推銷的結果，更要關心對方的情緒與心理承受能力。

推銷人員應面帶笑容，用詞應委婉，語氣誠懇，態度真摯。同時，隨時注意顧客的行為及表情的變化，揣摩顧客的心理活動，使對方既消除了異議，又學到了知識，感到推銷人員為顧客著想的基本態度，從而維持良好的互動關係與合作氣氛。因為，從消費與購買心理學觀點出發，顧客的認知、情感與意志都直接影響著購買決策，不可不慎。

• 反駁要注意提供的資訊量

推銷人員在反駁異議過程中，應堅持向顧客提供更多的資訊，從現代推銷學的原理去認識，應該把反駁理解為以新的資訊去更正原有的過時資訊，以真實的資訊去反駁錯誤的虛假資訊，以科學的知識去反駁不正確的無知。

所謂「顧客都是對的」，不是要你對顧客唯唯諾諾，而是在不冒犯自尊的原則上，適時否定錯誤觀念，提供正確資訊和知識。

因此，在運用反駁處理法處理顧客異議的過程中，應始終堅持以資訊的傳遞與提供為基礎，以推銷教育為手段，以傳遞知識與購買標準為目標，堅持向顧客提供資訊。如此，才能使對方了解情況，了解產品，了解推銷人員，並解除誤會，增進知識，增強購買信心。

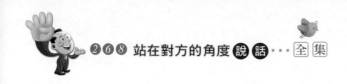

與反對的聲音達成共識

 面對顧客的反對意見，要保持冷靜對待。應當態度自若，避免和顧客爭吵，進而靈活運用方法來解決問題。

反對意見是顧客對推銷人員及推銷的產品、推銷行為的必然反應。常言道「嫌貨才是買貨人」，從這個意義講，反對意見不是推銷的障礙，而是顧客對商品感興趣，即將成交的信號。

因此，推銷行家認為，只有當顧客提出意見時，才是推銷工作的開始。要認識到顧客提出反對意見是正常現象，正確對待反對意見，認識反對意見的實際意義，甚至主動要求並歡迎顧客直接提出。

從推銷心理講，顧客的購買決定既受理智的控制，也受情感的控制，推銷人員與顧客爭吵絕對會傷害感情，即使推銷人員取得了爭吵的勝利，也失去了成交的機會，並不值得。

你應研究顧客的心理狀態，講究說服藝術，不要讓顧客難堪，遇到狀況，可以委婉地說：「我知道自己還沒有完全解釋清楚……」或者說：「對不起，我使你產生了誤解。」以此來化解當前的矛盾。

此外，應尊重顧客的觀點，即便自己認為是錯誤的，或者根本不同意，也要認真聽取，讓顧客暢所欲言。

這樣做有利於保持友好的氣氛，並減輕顧客的心理壓力。

如果顧客不需要你說出個人的看法，或者根本不把你當成行家徵求意見，就要儘量不提出自己的個人看法，不要說：「如果我是你，我就⋯⋯」或者：「我自己就使用過⋯⋯」這樣的話語，在內行的顧客看來，既缺乏說服力，又不夠真誠。

處理顧客異議時，推銷員常用的語言技巧有以下幾種：

● 做好準備

在與顧客面談之前做好充分準備，事先對顧客可能提出異議的地方做詳盡的闡釋，以克服反對意見。使用此方法應注意不要使用一些刺耳的詞句，以免引起顧客的反感。

把推銷要點分成許多部分，然後用提問的方式提出，在提出推銷要點之後，要檢查一下顧客是否接受。

很可能有你認為正確的建議，而顧客卻認為是難以理解的情況，所以要謹慎引導顧客按照你的方法看問題。

經驗證明，做好上述幾點後，在與顧客面談時，可以大大減少顧客的反對意見，使氣氛和諧。

● 不直接反駁顧客

這種方法的談話形式是「對，但是⋯⋯」，它是根據有關事實和理由來間接否定顧客意見的處理技巧。

使用此法的優點是不直接反駁，而間接否定顧客意見，一般不會導致冒犯，有利於保持良好面談氣氛。同時也為談話留下一定餘地，有利於根據顧客的意見，提出具體的處理辦法。

例如顧客說：「我不喜歡這樣式，太難看了！」根據觀察分析，這意見的根源是顧客的個人偏好，對於這種敏感的問題，不

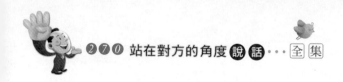

宜直接加以反駁，而應委婉地伺機處理。

你可以說：「先生，您的看法有一定道理，但是您是否也認為這種式樣具有新的特色……」

這種方式是承認顧客的意見，先退後進，繼續進行銷售面談和示範，間接否定顧客的反對意見，卻不至於傷人。

● 善加利用顧客的意見

這是利用顧客反對意見，適當提取利於推銷的那一面，作為洽談的起點，展開說服和示範的方法。

顧客的反對意見同時具有雙重性，既有阻礙成交的可能，又有促成交易的希望。

推銷人員應利用顧客意見的矛盾性，發揮積極因素，克服消極因素，有效地促成交易。

這種方法既不迴避顧客的意見，又可以透過改變有關意見的性質和作用，把顧客拒絕購買的理由轉化為說服購買的理由，還可以營造良好的洽談氣氛，有利於完善處理意見。

例如，顧客說：「又漲價了，買不起。」

經過分析，意見的來源主要是偏見和物價上漲，於是，推銷人員說：「這商品是漲價了，而且還會繼續上漲，現在不買，將來恐怕真的買不起了。」

這就是一個明顯的範例，把拒絕購買商品的理由轉化，搖身一變為說服顧客購買的理由。

● 利用產品優點

某些時候，顧客的反對意見確有道理，採取否認的態度是不明智的做法。推銷人員應承認顧客是正確的，然後利用產品的優

點來補償和抵消這些缺點。使用產品優點的方法來處理反對意見，可以使顧客達到一定程度的心理平衡，有利於排除成交障礙，促成交易。

例如，顧客說：「我要買一部帶耳機的收音機，可是你這種是不帶耳機的，我不要！」

推銷人員便可說：「這種收音機是不帶耳機，但是要買帶耳機的就要多花一些錢，其實耳機用的時間也不多，您何必花這些錢呢？再說這種收音機已經裝有插孔，萬一要用，您可以買一副更好的呢！」

● 迴避法

顧客主觀的反對意見是難以消除的，因此，對於過於主觀的反對意見，只要不直接影響成交，推銷人員最好不回答，更不要反駁，迴避處之。推銷經驗告訴我們，有相當多的反對意見，是可以置之不理的。

例如，顧客說：「你是某某公司的推銷員？那個鬼地方真不方便。」

這一個與成交無關的意見，不影響交易，因此推銷員不予理睬，便說：「先生，請你先看看產品……」跳過與成交無關的意見，繼續進行面談。

「這東西太貴了！」

一位顧客提出了反對意見，推銷人員認為這意見出於偏見，決定置之不理。於是，他繼續說道：「先生，關於價格問題，現在我們暫且不談，還是請您先看看產品吧！」

推銷人員不理睬顧客提出的「太貴」意見，繼續談產品，當顧客真正理解了產品的用途和特點後，先前所謂的「價格太貴」

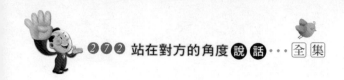

的意見也就不復存在了。

　　面對顧客的反對意見,要保持冷靜對待。如果處理不冷靜,口氣不當,就會引起顧客的反感。

　　因此,遇到顧客持有反對意見時,應當態度自若,避免和顧客爭吵,進而靈活運用方法來解決問題,達成交易。

說服的關鍵，在於口才表現

適度的自我宣傳與推銷，輔以具緩和作用的幽默感，使一切在親切融洽氣氛中進行，是達成交易的最理想情境。

　　有時候，顧客其實很想買你的產品，但不知道這個決定對不對、好不好，因此提出各種問題，或自己站在反方說出各種不想買的藉口，等著你給他信心，說服他購買。

　　顧名思義，凡是「說服」行動，必定跟語言脫不了關係。事實也確實如此，我們可以說，說服的關鍵正在於口才表現。

● 怎樣發揮「攻心」效應

　　一家銷售名貴珠寶的銀樓，一早開門不久，便走進一對華僑夫婦。夫人看中了一只相當華美的鑽石戒指，從女店員手中接過之後看了又看，顯然是愛不釋手。但當她看清標價後，便搖了搖頭，顯現出為難的樣子。

　　夫人說：「好是好，就是……」

　　女店員一聽，心下會意，馬上接口：「夫人，您真有眼光，這戒指確實漂亮，但相對的價格也高。上個月，市長夫人來到店裡，也同樣看上了它，非常喜歡，但因為價錢問題，終究是沒有買下。」

　　這時，那始終沉默的先生開口了：「小姐，真有這樣的事情

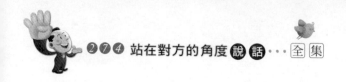

嗎？連市長夫人都喜歡這個戒指？」

女店員當即點了點頭，只見先生考慮了一下，說：「小姐，請開發票，我要買下這個戒指。」於是，這枚放在店裡兩年始終未能售出、價格昂貴得驚人的鑽石戒指，終於順利成交。

這個例子之所以成功，訣竅正在於巧妙運用了語言的「攻心」效應，以堂堂市長夫人也未能買下的消息為「誘餌」，激發那名華僑先生「求名」的心理慾望，達成交易。

● 進行自我宣傳與自我推銷

人們在自我誇耀時，總多少感到左右為難，希望表現自己，讓別人賞識，同時又害怕被別人認為自誇自大，一點不懂得謙虛。

在東方社會，長久以來的道德標準認定謙讓是美德，可隨著時代變遷，社會競爭日趨激烈，「自我推銷」顯得越來越重要。

學會適度自誇是相當重要的才能，而在進行自我誇耀時，首要就是表現幽默感，務求讓別人在笑聲中接受。

自誇並不可恥，而是一種宣傳，畢竟廣告是所有商業行為的基礎。但是，如果採用過分或低俗的方式自我炫耀，就會招致反感。因此，自我宣傳和自我誇耀首先應具有適度的幽默感，並保持在適當程度。

例如，日本的「九牛百貨公司」，有一句相當幽默的廣告語：「除了愛人，什麼東西都賣給你。」

● 說服顧客是盈利的關鍵

不管在哪一行業，說服客人的能力都是非常重要的經營之道。以下是幾則小笑話，開懷之餘，也請你細細品味對話中的奧妙：

有位為自己身後事著想的老人，來到一家葬儀社，打算預購

棺材。店主一聽，很熱心地向他介紹各種價格不同的棺材。

聽了半天之後，老人忍不住詢問店主：「請問一下，三十萬元的和兩萬元的，究竟有什麼不同？」

「不同可大了！最明顯來說，三十萬元的棺材設計比較符合人體工學，內部有足夠的空間，可以讓你的手腳充分伸展。」

另一則笑話則與生髮水相關，是這樣說的：

一名客人聽了老闆大力介紹的某種強效生髮水後，疑惑地問道：「這……真的有效嗎？」

「當然啦！我的顧客當中，甚至有人連續用了五年啊！」

也有另一種版本，面對同樣的質問，老闆如此回答：「那當然啦！不過這種藥在使用上稍微有點麻煩，就是必須要用棉花棒擦抹。那些以前用手直接沾著擦的客人，事後都抱怨連連，說雙手都長了毛，簡直跟猴子沒兩樣。」

推銷的最大忌諱，就是激怒客人，因此可說幽默感是必備「武器」。適度可信的自我宣傳與推銷，輔以具備緩和作用的幽默感，使一切在親切融洽的氣氛中進行，是達成交易的最理想情境。

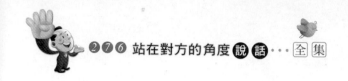

成功的銷售源自說話技巧

在現在沒有硝煙的商場上，銷售員若能像古代縱橫家一樣，巧舌如簧，精選話題，當作銷售的潤滑劑，便如同掌握了高明的武器一樣，戰無不勝。

過去，銷售術一直被誤認為是「銷售員的說話藝術」，即銷售員一面對顧客察顏觀色，一面滔滔不絕、口若懸河地自說自話，達到銷售產品的目的。

我們當然不贊同為了銷售業績而把一筐爛蘋果說成是好蘋果的做法，但我們必須佩服這一類銷售員，他能說服潛在購買慾望非常小的人，對自己的產品興趣盎然，欣然掏錢。

但現在的銷售，注重的是與顧客之間的對話，與其讓銷售員單方面說話，倒不如站在聽的立場，聆聽顧客的意見，並從顧客說話的內容觀察他對商品感興趣的程度，最後才能說服顧客進行交易。

對話當然可能是無話不談，但最終還是要把話題引到商品上，當談及商品時，重心應放在商品的功能上。

在對商品進行說明時，顧客會不斷地質詢，你要不厭其煩；當進入討價還價階段或詢問價格時，就表示顧客基本上已經傾向購買了；最後顧客決定交易，或簽訂購銷契約、或是現金交易；交易完畢，你便可視情況轉向輕鬆的話題，尤其是冗長的交談後，

更需要這樣。

巧妙的說話，能增強親切感。

銷售員拜訪顧客時所用的言語，是關係到面談成功與否的重要條件，必須時常研究能夠給人特別好感的說法。例如，要常常使用感謝的話；說話須有條理，能說出要點；使用恭維話稱呼人；說話須親切，儘量避免使用術語與外國語，當然對內行的顧客則不在此列……

語言是傳遞銷售訊息的重要媒介，銷售語言必須是既有科學性，又有藝術性的。沒有科學性，銷售語言就缺乏說服力；同樣的，沒有藝術性，銷售語言也就談不上是一種有效的情感交流物。

中國古代春秋戰國時期的「縱橫家」，熟讀詩書，胸懷經天緯地之才，憑著三寸不爛之舌，坐著牛車周遊列國，為各路諸侯出謀劃策，無論是開明的君主，還是鑽研霸術的王侯，都常會被這些「縱橫家」說服。

在現在沒有硝煙的商場上，銷售員若能像古代這些縱橫家一樣，巧舌如簧，精選話題當作銷售的潤滑劑，便如同掌握了高明的武器一樣，戰無不勝。

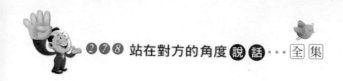

如何善用語言的魅力

真正的語言魅力來自於情感，來自於真誠為對方著想，來自於對聽話人的尊重。只有尊重而又為對方著想的語言，才能產生心靈的共鳴。

　　銷售員與顧客的交往當中，一開始就要通過講話來洽談業務，因此，在商品銷售中必須講究談話的技巧。

　　從許多行銷事例可以看出，語言藝術在銷售產品的過程中佔有絕對的重要性。只要語言運用恰當，嚴肅的談判就變成了朋友間的談天，自然少了很多隔閡。如果能以輕鬆幽默的言語面對顧客，銷售任務就可在談笑中圓滿解決。因此，我們可以這樣說，成功的銷售源自語言的藝術。

　　有位行銷心理學家曾經強調說：「吸引聽眾的說話技巧，就是使聽者憎惡、發笑或者悲傷。」

　　只會生硬地說一聲「您好」的銷售員，或一開口就是陳腔濫調的銷售員，顧客往往都沒有興趣聽下去，難免被人掃地出門。

　　真正的語言魅力來自於情感，來自於真誠為對方著想，來自於對聽話人的尊重。只有尊重而又為對方著想的語言，才能產生心靈的共鳴。

　　銷售員在銷售商品與對方的接觸中，要讓對方感到自己是誠實的。說話也要符合雙方的身份，流於俗套的虛偽應對，只會引

起對方的反感。

　　例如，當你在櫛比鱗次的商店街閒逛，無論走進哪一家店，店員都說著雷同的話語的時候，你可能覺得那些詞藻只是他們的「工作語言」。

　　銷售員一定要注意說話的口氣，把話說得親切、和藹、謙遜，既恰如其分，留有餘地，又使顧客感到愉快、信任，如此，顧客才會在輕鬆愉快的心情中掏出錢包，完成交易。

　　毫不吝嗇地稱讚和朋友式的熱情交談，會使顧客如同走進了一個不設防的區域，放心地挑選、購買商品。毫不做作的熱情可以激發了他們的購買慾望。

　　顧客總是喜歡與熱情、開朗的銷售員談生意。因為他們能帶給顧客一個愉快的心情和周到的服務。

　　銷售員的熱情來源於兩個方面，一是善於使用讚美，給顧客創造一個適合心意的熱情氣氛；二是交談中不斷介紹豐富的商品知識和有關的最新訊息，使顧客感到與銷售員接觸獲益匪淺，在熱烈的話語中度過一段愉快的時光。

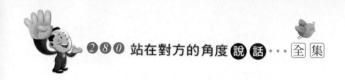
培養隨機應變的能耐

銷售員可能遇到的意外情況相當多，這些不斷變化的因素，都要求銷售員具備隨機應變的口才與機智，以適應各種銷售場合、各類不同的對象。

談買賣，難免遇到困難或出現僵局，這時可以考慮採取語言上的「迂迴策略」，比如轉移話題、避免正面爭論、以退為進……等等。

有一位外國記者奉命前去採訪一位工業鉅子，他不願採取一問一答的刻板方式，認為最妥當的方式是設法與這位富翁聊天。然而，這位富翁對社交活動毫無興趣，彼此間的談話簡直無法進行。

記者在窘迫中靈機一動，想起了他剛進門時看到的一群小狗。於是他話題一轉，談起了那群小狗。

富翁的精神頓時一振，原來他對自己養的小狗頗為自豪，便滔滔不絕地談了起來。這樣，在記者的誘導下，這次採訪工作終於成功了。

銷售員拜訪客戶，可能遇到的對象、場所均是一個未知數，這更需要具備隨機應變能力。

例如，首先要找什麼部門，找不到負責的人又該怎麼辦；如

果遭到拒絕又將如何引起他的注意；有人在場，怎樣排除干擾……等等。對於這些可能發生的事，事先心中都要有一套應付的辦法，否則，自然會措手不及。

有一句話說得好：「市場是不相信眼淚的。」

從許多失敗的事例不難看出，大部分的銷售員既缺乏勇氣，更缺少應變的能力。他們的第一個失敗之處在於沒有準確找到有權做決定的銷售對象。

第二個失敗之處是，他們一聽到「我們不需要」或被顧客拒絕時，往往支支吾吾無言以對。

銷售員隨時都可能遭到顧客的拒絕，應該如何輕鬆應付，心中事先應有模擬方案，才不會手足無措。

第三個失敗之處是，即使對方堅決拒絕，離開時也應盡可能留給對方一個良好的印象。同時，每到一處，都要盡可能多地瞭解一些情況，以便下次再接再厲，而不是一遭拒絕就垂頭喪氣地離開。

銷售員可能遇到的意外情況相當多，這些不斷變化的因素，都要求銷售員具備隨機應變的口才與機智，以適應各種銷售場合、各類不同的對象，這是銷售員不可或缺的重要條件。

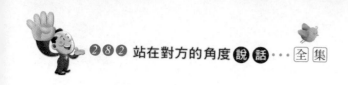

適時的抬舉可以建立新關係

人怎麼會拒絕別人的抬舉與尊重呢？有時候，人還有些感激為他帶來榮耀的人。給予別人足夠的重視，會大幅度改善你與別人的關係。

以真誠的語氣讚揚以及虛心向顧客請教，會讓顧客認爲你重視他，覺得自己是個重要的人物。

瓊斯是一個原材料供應商，一直想和材料包銷商約翰建立更密切的業務往來。約翰的公司雖然業務量大，在營銷市場信譽不錯，但約翰待人卻是極為傲慢、刻薄、寡情。

每次瓊斯一登門拜訪，坐在辦公桌後的約翰往往就大吼：「今天什麼都不要！不要浪費你我的時間！滾出去！」

瓊斯屢屢碰壁，只好苦思其他接近約翰的方式。

某次，瓊斯正準備在某個地區設立一個新的辦事處，恰巧約翰對那個地方正好很熟，並且業務量極大，因此藉機前去拜訪。

這一次拜訪時，瓊斯一進門就說：「先生，我今天不是來銷售東西的，我是來請教您一些事情，不知道您能不能抽出一點時間和我談一談？」

「嗯……，好吧。」約翰想了一下子說，「什麼事，快點說。」

瓊斯於是開口說道：「我想在某區設立辦事處，您對那個地

方十分瞭解，因此，特地來恭聽您的高見，請您不吝賜教。」

「請坐，請坐。」這招果然奏效，約翰用了一個小時的時間詳細解說了那個地區的市場特徵和優缺點，而且和瓊斯討論了拓展營業的方案，最後，還和他聊起了家務事。

那天走出瓊斯走出約翰的辦公室時，不僅口袋裡裝了一份初步的訂單，而且還和約翰建立堅固的業務和友誼基礎。

約翰的態度為何有一百八十度的轉變？

這是因為他從向瓊斯吼叫、命令走開的粗暴方式獲得一定的快感，但也意識到如果瓊斯不想向他銷售產品，那麼自己什麼都不是。現在瓊斯居然不是為銷售產品而登門拜訪，並且必恭必敬地請教問題，使他的榮耀感得到滿足，感覺自己受到尊重。

人怎麼會拒絕別人的抬舉與尊重呢？有時候，人還有些感激為他帶來榮耀的人。給予別人足夠的重視，會大幅度改善你與別人的關係。建立了這層人情關係，以後彼此的往來就會更加密切。

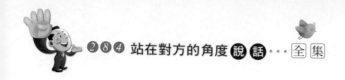

不可小看迎合奉承的魅力

 談話藝術的精妙之處，就在於善用人性共同的「弱點」，滿足對方希望得到重視的潛在慾望。

過去，美國總統大多是律師出身，為什麼會這樣呢？

因為，律師懂得說話的技巧，能言善辯，當他們轉行從政，更深諳如何以熱情的語氣迎合選民，激發數萬人民的熱情。例如，林肯在蓋茨堡短短幾分鐘的演說膾炙人口、感人肺腑，勝過了平庸政客冗長的喋喋不休。

善於運用語言藝術，就可以輕巧地敲開顧客的心扉。

精緻的說話藝術訣竅在於適當得體的稱讚。

人一被人稱讚，態度通常就會有一百八十度大轉彎，這也就是為什麼當代激勵大師戴爾‧卡耐基要將虛榮、慾望、希望得到重視，稱為人性共同的弱點。

在這個市場化的社會，是用平等的交換來滿足希望被人重視的慾望，推動包括銷售員在內的人去奮鬥，從而增加了社會的福音。

談話藝術的精妙之處，就在於善用人性共同的「弱點」，滿足對方希望得到重視的潛在慾望。

　　卡耐基層說過一句名言：「在跟別人相處的時候，我們要記住，和我們交往的不是邏輯的人物，和我們交往的是充滿感情的人物，是充滿偏見、驕傲和虛榮的人物。要瞭解別人，我們需要個性和自制。」

　　銷售員想精進談話技巧，應該瞭解大多數的人都想擁有：自己和家人的健康、生活的幸福、親人的團聚、足夠的金錢、物質上的滿足、子女的幸福、擁有受敬重的感覺……。

感謝折磨你的人全集─學會放下篇

──不要用哀怨的心情看待這難過的事情

有位詩人曾說：「不要帶著哀悼的眼光檢視過去，要明智地放下過去，設法改變現在，如此才能讓自己擁有希望和未來。」

其實，人生難免都會有不順遂的際遇，傷心難過也合情合理，但是，千萬不要用哀怨的心情看待這些讓自己傷心難過的事情，而要毅然決然地學會放下，撥開原本佈滿烏雲的內心，迎接燦爛的陽光。

貝佐茲曾經寫道：「如果想要成功，就必須試著把每次的折磨當作人生必經的考驗。」

其實，贏家與輸家的差異就在於各自用什麼心態去看待折磨自己的事。

贏家通常懂得用感謝的心態面對每件折磨自己的事，因為他們知道沒有折磨，自己就不會有所成長。至於輸家則是總是會用抱怨的心態逃避折磨自己的事，導致讓折磨變成自己人生最痛苦的事。

日子難過，也要笑著過全集

──帶著微笑度過那些讓你難過的日子

俄國作家赫爾岑曾經寫道：「一個人不僅要在歡樂時微笑，也必須學會在困難中露出笑容。」

因為，路再長也有終點，夜再黑也有盡頭，日子再難過，還是得想辦法過，與其愁眉苦臉地抱怨生活中的種種苦痛，還不如用微笑面對。

所謂「難過」的日子，並不會因為你用愁眉苦臉的方式面對，就會自動消失，因此，既然「哭著活」也是一天，「笑著活」也同樣是一天，那麼何不選擇笑笑地度過那些「難過」的日子？

不要讓心情做決定全集

──不用情緒解決問題，才能化阻力為助力

古羅馬思想家西塞羅曾經寫道：「人如果拋棄理智，就會受感情的支配；脆弱的感情氾濫到不可收拾，就像一艘船不小心駛入深海，找不著停泊處。」

確實，生活中最糟糕的狀況，莫過於任由情緒牽著脖子走，凡事全看心情好壞做決定。因此，當你準備處理事情之前，一定要記得先處理自己的心情，千萬不能任由心情代替理智做決定。

薩迪曾說：「理性如果被感情掌控，就如同一個軟弱的人落在潑婦手中。」

的確，當情緒控制一個人的時候，理智就形同遭到綁架。當你考慮如何解決問題時，千萬不能帶著仇視、憎恨、憤怒……等等負面情緒，否則就會淪為情緒的奴隸，做出讓自己後悔莫及的事。

用幽默代替沉默全集

──人際 EQ 篇

大文豪高爾基曾說：「假使過分認真嚴肅地看待人生，那麼人生就會枯燥乏味。」

的確，「人生」自古以來就是「這樣子」，不如意的事情佔了十之八九，當我們面對不盡如意的人生，與其選擇用惡劣的情緒面對，還不如用幽默的心情因應。

塞涅卡曾經寫道：「化解衝突的最好良藥，就是含有幽默感成份的機智。」

動不動就爆粗口，和別人發生衝突，不但突顯自己弱智，也會讓人際關係越來越糟糕，唯有懂得運用機智和幽默化解衝突的人，才是令人稱讚的溝通高手。

用心追,宅男也能把正妹全集

──你不能不知道的把妹心理學

　　楊格曾説:「男人只要肯用心,就會恍然發現,好女孩並不像自己想像中的那麼難追。」

　　的確,一個想把到「正妹」的男人,長得帥不帥並不是重點,重要的是你是否讀懂「正妹」的內心,懂不懂她的言行舉止代表什麼意思。

　　只要你掌握了把妹心理學,在「正妹」的面前用心展現自己,就算你是宅男,照樣可以把到正妹。

　　褒曼曾經寫道:「越是可望不可及的完美女人,其實在內心深處越是渴望有男人來敲自己的心房。」

　　一般男人面對一個大家公認的「正妹」,通常都會先入為主地認為她的擇友條件一定很高,事實上,「正妹」沒你想的那麼難追,對男人的要求也不像外界想像那麼苛。重點就在於,追求她的男人是否懂得女人的心理,用心表現出讓她打從心底感動的行為。

把話說進心坎裡全集

──活用語言魅力,把意見滲透到別人心裡

　　人際關係專家畢傑曾説:「如果你想把話説到別人的心坎裡,就必須知道如何利用別人最喜歡聽的話,間接傳達你要傳達的意思。」

　　的確,同樣的一件事,用不同的兩種話來表達,最後的結果往往大相逕庭。

　　如果你可以在事前就知道你想要傳達的人喜歡聽什麼話,然後再用他喜歡聽的話間接傳達你的意見,那麼,對方欣然接受的程度肯定會高出許多。

　　如果你不知道如何把話説進對方的心坎裡,非但無法達成自己的目的,而且還會使自己處處碰壁……

改變心境,就能走出困境全集

──人生所有困境,都是由心境造成

　　卡耐基曾説:「人在身處困境時,適應環境的能力,通常比在順境更為驚人。」

　　的確,只要是人,都具備忍受不幸、戰勝困境的能力,重點就在於你懂不懂得適時改變心境,將這股只有在困境時才能顯現出來的驚人潛力發揮出來,幫助自己走出困境。

　　尼米茲曾説:「人生所有的困境,嚴格講起來,都是由自己的心境所造成的。」

　　確實如此,如果我們面對所謂的「困境」,內心不要那麼主觀偏執,如果我們遭遇所謂的「困境」,懂得適時調整自己紊亂的心境,那麼,我們就會發現自己原本認為的「困境」,可能就在一瞬之間成為幫助自己成功的「順境」。

感謝折磨你的人全集 ── 面對逆境篇

──每個折磨你的人,都是你的貴人

　　作家霍桑曾説:「困難與折磨對於任何人來説,都是非常寶貴的磨練鬥志和毅力的機會;只有承受得起別人無法承受的折磨,才能夠讓自己成為真正的贏家。」

　　每個挫折磨難都是鍛鍊精神意志,增加本身能力的絕佳機會,正因為如此,當我們成功地超越人生困境,首先要感謝的,往往不是那些安慰呵護我們的人,而是那些平日折磨我們,讓我們避之唯恐不及的人。

　　感謝那些折磨我們的人吧!每個折磨我們的人,都是生命中的貴人!如果沒有這些人的折磨,我們就不可能激發突破人生瓶頸的潛力;沒有這些人的折磨,我們也不可能突破人生的各種逆境,將生命提升到另一個境界。

站在對方的角度說話 全集

作　　者　陶　然
社　　長　陳維都
藝術總監　黃聖文
編輯總監　王郡凌
出 版 者　普天出版家族有限公司
　　　　　新北市汐止區忠二街 6 巷 15 號
　　　　　TEL / (02) 26435033 (代表號)
　　　　　FAX / (02) 26486465
　　　　　E-mail：asia.books@msa.hinet.net
　　　　　http://www.popu.com.tw/
　　　　　郵政劃撥 19091443 陳維都帳戶
總 經 銷　旭昇圖書有限公司
　　　　　新北市中和區中山路二段 352 號 2F
　　　　　TEL / (02) 22451480 (代表號)
　　　　　FAX / (02) 22451479
　　　　　E-mail：s1686688@ms31.hinet.net
法律顧問　西華律師事務所・黃憲男律師
電腦排版　巨新電腦排版有限公司
印製裝訂　久裕印刷事業有限公司
出 版 日　2024 年 5 月第 2 版第 1 刷
ISBN⊙978-986-389-923-5　　條碼 9789863899235
Copyright©2024
Printed in Taiwan, 2024 All Rights Reserved

國家圖書館出版品預行編目資料

站在對方的角度說話 全集／
陶然編著.—第 2 版.—：新北市, 普天出版
2024.5 面；公分.－（生活講義；171）
ISBN⊙978-986-389-923-5（平裝）
CIP⊙177.2